행복한 사람들

행복한 사람들

김민수 신부 산문집

서교출판사

정체성을
망각하지 않았던
세월

　오늘은 나에게 매우 의미 있고 뜻 깊은 날이다. 30년 전, 그러니까 1985년 2월 22일 오후 2시, 명동성당에서 열세명의 부제들이 제대 앞에 엎드린 채 김수환 추기경님에게 사제서품을 받아 사제로 탄생하였다.

　그동안 한 명은 서품 받은 그 해에 사고로 세상을 떠났고, 한 명은 환속하여 사제생활을 그만두어 이제 열한 명이 남았다. 동기 사제들이 모여 함께 미사하고 식사하며 자축했다.

　사제서품 30주년을 맞이했다는 게 믿기지 않는다. 세월이 너무 빨리 지나갔다. 사제서품 받고 처음 부임한 곳이 바로 현재 주임 신부로 재직 중인 불광동 성당이었다. 나는 바로 옆 동네인 응암동 성당 출신이라 원칙대로라면 다른 지구 성당으로 가야 했다. 그럼에도 이곳에 오게 된 까닭은 당시 주임신부님이었던 정의채 몬시뇰의 의향이었다. 첫 보좌생활을 할 때 정의채 몬시뇰은 시어머니

였고 나는 그 밑에서 시집살이하는 며느리나 마찬가지였다. 톡톡
히 보좌교육을 받은 셈이었다. 생각해 보니 그게 지금까지의 사제
생활에 큰 밑거름이 되었다. 어떤 힘든 것도 잘 참고 견딜 수 있는
내공이 그때 생겼다.

그 이후 세종로와 명동 성당에서 보좌신부를 거쳐 일산성당 주
임신부로 발령이 났는데, 6개월이 지나지 않아 미국으로 유학을
떠났다. 7년 반 미국 유학생활은 나의 인생과 사제생활에 큰 영향
을 주었다. 우선, 세상을 보는 눈이 넓어졌고, 또 다른 하나는 익
숙한 것을 낯설게, 새롭게 바라보는 능력이 생겼다. 내가 본당에
서 이 시대에 필요한 문화의 복음화와 문화사목을 실천할 수 있는
능력도 여기에서 비롯되었다. 내가 유학을 가지 않고 그대로 한국
에 남아 있었다면 이런 사목을 생각할 수 없었을 것이다.

유학을 마치고 돌아와 평화방송 케이블TV 주간으로 있으면서
전공을 살렸고, 그 이후에 신수동 성당, 역촌동 성당을 거쳐 지금
이곳 불광동 성당에 주임신부로 봉직하고 있다. 역촌동 성당은 바
로 옆 동네인데 첫 보좌생활을 했던 이곳 불광동 성당으로 다시 오
게 될 줄 어떻게 알았겠는가. 보좌생활을 했던 곳에 주임으로 온
사람은 아마 내가 유일하지 않을까.

사제생활을 돌아보면, 하느님의 오묘하신 섭리를 깨닫게 된다.
하느님은 나를 단련시켜 주시고, 어떤 일을 하도록 마련해 주시
며, 늘 앞에서 이끌어 주시는 분이다.

마르코 복음에 따르면, 예수님은 성령의 인도로 광야에 나가 40일간 악마의 유혹을 받으시지만 들짐승들과 함께 지내며 천사의 시중을 받으신다. 여기서 광야는 우리 인생이다. 물과 생명이라고는 찾기 어렵고, 메마르고 거친 고통스런 곳이면서 동시에 악마의 유혹이 끊임없이 존재하는 바로 그곳이 광야다. 예수님이 40일간 하루도 빠짐없이 악마에게 받으신 유혹은 무엇일까? 돈? 권력? 명예? 우리도 매일 광야라는 거친 인생을 살아가며 이런 유혹을 늘 받는다. 사제도 마찬가지다. 피하기 힘든 여러 가지 유혹을 받는다. 그 유혹의 핵심은 사제로서의 정체성을 망각하는 것이다. 악마가 인류의 첫 조상 아담과 하와를 유혹할 때 선과 악을 알게 하는 열매만은 따 먹지 말라는 하느님과의 약속을 망각하게 한다. 죄는 하느님과의 약속을 파기한 결과이다. 죄의 원인은 하느님과 같아지려는 욕망이며, 그 욕망은 하느님의 피조물이라는 자기 정체성을 망각하게 하는 어두움이다.

만족하지 않는 욕망을 끊임없이 작동시키는 모든 유혹의 결과는 망각이다. 이스라엘 백성이 이집트 노예살이에서 탈출하여 광야생활을 할 때 역시 유혹에 빠진다. 모세가 시나이 산에서 십계명을 받는 동안 금송아지를 만들어 우상숭배를 한다. 이집트 노예시절과 거기에서 해방시켜준 하느님을 망각했기 때문이다.

사제도 세상의 욕망으로 유혹에 빠질 때 자신의 정체성을 망각하게 된다. 그러지 않기 위해 사제는 늘 자신을 성찰하고 반성하는 존재가 되어야 한다. 30년간 사제생활을 하며 여러 가지 어려운 점을 겪으며 살아왔다. 그러나 어려울 때마다 주님은 나를 지켜주셨다고 믿는다. 그래서 늘 마음속으로 이렇게 고백한다.
"저는 저에 대한 주님의 사랑을 굳게 믿습니다."

사제서품 30주년을 맞이해서 나를 돌보아 주신 사랑의 하느님께 진심으로 감사드린다.

2015. 2. 김민수 이냐시오 신부

· 차례 ·

chapter 1.

사랑하는 사람

"자, 네가 여러 해 동안 쓸 많은 재산을 쌓아 두었으니,
쉬면서 먹고 마시며 즐겨라."
(루카 12,19)

이웃과 나누는 사람들

　현대 영성가 헨리 나웬의 《열린 손으로》(2003)를 보면 다음과 같은 내용이 있다. 정신병원에 수용된 할머니 한 분이 있었다. 그녀는 몹시 흥분했고, 눈에 띄는 모든 것에 달려들었으며, 의사가 모든 것을 빼앗아 버려야 할 만큼 모든 사람을 질겁하게 했다. 그런데 그녀는 작은 동전 하나를 손에 쥐고 끝내 내놓으려 하지 않았다. 실제로 그 움켜쥔 손 하나를 펴는 일에 두 사람의 힘이 필요했다. 그녀는 마치 그 동전을 자신의 존재 자체로 여겼다. 그녀는 사람들이 자신에게서 마지막 소유물을 빼앗으면, 더 이상 아무 것도 갖지 못할 것이었다. 그것이 그녀의 두려움이었다.

이 글을 읽으면서 우리 역시 나름대로 무언가에 집착하고 있음을 인정한다. 그것이 사람이건 지나온 과거이건 아니면 돈이나 권력이나 명예이건 간에 그것을 꼭 쥐고 놓지 않으려 한다. 우리가 집착하는 대상이란 결국 사라질 것이지만, 그 집착 때문에 하느님에게서 멀어지게 된다.

루카복음에는 재산을 많이 쌓아둔 어리석은 부자 이야기가 있다.(12,15-21) 부자는 밭에서 소출을 많이 얻어 창고에 곡식과 재산을 쌓아둔다. 모으고 축적하는 행위는 안전과 편함이 보장된 미래의 삶을 위해 필요하다. 은행에 저축하고, 증권에 투자하며, 비싼 아파트를 구입한다. 자본주의 사회에서 생존하기 위한 방편이다. 그런데 문제는 그 부자가 쌓아둔 재물을 보면서 이런 마음이 든다는 것이다.

"자, 네가 여러 해 동안 쓸 많은 재산을 쌓아 두었으니, 쉬면서 먹고 마시며 즐겨라."(루카 12,19)

자기 소유의 재물이 마치 자신의 미래를 보장해 줄 것으로 믿고 있다는 데 문제가 있다. 그 부자는 재물을 우상화하고 절대화하기 때문에 예수님은 그를 어리석은 부자라고 일컫는다. 재물이 무엇이기에 그것을 절대화하고 우상화하는가? 그것이 내 믿음의 대상이 될 수 있을까? 재물이 영원할 수 있을까? 하지만 내가 일생을 다해 모아두고 쌓아두었던 것은 이 세상에서 일시적이다.

"어리석은 자야. 오늘 밤에 네 목숨을 되찾아 갈 것이다. 그러면 네가 마련해 둔 것은 누구 차지가 되겠느냐?"(12,20)

우리는 언제 홍수, 화재, 교통사고, 질병으로 죽을지 모른다. 게다가 우리 사회는 점점 위험사회로 변하고 있다. 현대 소비자본주의 사회는 우리에게 물질과 재물이 삶의 최고 가치임을 강요한다. 소비사회에서는 인간을 이렇게 규정한다.
"나는 소비한다. 고로 나는 존재한다."
이 명제에 따르면 인간의 존재는 다음과 같은 공식으로 이루어진다.
'나는 존재한다=내가 가지고 있는 것+내가 소비하는 것'
이렇게 세속 사회의 가치관으로 이루어진 정체성은 복음의 말씀에 역행한다. 더 많은 물질을 소유하기 위해, 또 소비하기 위해 살아가는 현대인들은 금전 가치를 행복으로 전환시킨다. 그들은 경제적 부와 소유에 의존해서 미래를 보장받을 수 있다고 생각한다. 우리는 나름 생존을 위해 재산을 모으고 축적하지만 결코 그것은 인생을 보장해 줄 수 없다. 코헬렛 저자가 "헛되다."고 말하는 것은 마치 인생을 보장해 줄 것처럼 믿은 어리석은 사람을 향한 한탄의 말이다. 우리는 루카복음 말씀에 등장하는 "자기를 위해서는 재산을 모으면서도 하느님께 부유하지 못한"(12,21) 어리석은 사람은 되지 말아야 한다.

재물은 나누어야 제 가치를 발휘한다. 예전에 알던 노부부를 나는 잊을 수 없다. 그들은 평생 모은 100억 원대 땅과 건물을 꽃동네에 기증했다. 그리고 "자식에게 재산을 물려주는 것은 아편을 주는 것이나 다름없습니다."며 자신의 철학을 드러냈다. 이렇게 이웃과 나누는 재물만이 하늘나라에 쌓일 수 있는 가치와 의미가 있다.

흔들리며 피는 꽃

봄이 되면 개나리, 진달래, 벚꽃, 라일락 등 봄꽃들이 활짝 피어 거리는 온통 꽃 축제다. 여의도 벚꽃 축제는 매년 사람들이 엄청나게 몰려든다는데, 본당 앞마당 벚꽃도 그에 못지않다. 바람이 불어 꽃잎이 날릴 때면 마치 함박눈이 내리듯, 주변은 온통 하얗게 장관을 연출한다.

성전으로 올라오는 길에도 여러 꽃들이 피었다. 그런데 이상한 일이 있었다. 처음 무심코 옆을 지났을 때는 아무 냄새도 없었다. 그런데 다시 돌아와서 "라일락꽃이 참 예쁘네." 하며 이름을 불러주었더니 그때부터 라일락 꽃향기가 진동하는 것이었다. 김춘수 시인의 '꽃'의 한 구절에 나오듯, 라일락꽃의 이름을 불러주었더니 꽃이 내게 '의미'로 다가와 응답을 하였다.

라일락 꽃 향기를 맡아본 적이 있는가? 그 향기는 움트는 생명으로 봄의 운치를 만끽하게 하여, 희망의 메시지를 속삭인다. 그 희망의 메시지란 바로,

예수님께서 죽으셨다가 부활하셨다는 사실이다. 예수님의 죽음과 부활은 고통과 시련 속에 살고 있는 이들에게 커다란 위로이자 희망의 메시지다. 현재의 삶이 힘들어도 예수님의 부활과 영광에 참여할 수 있다는 확신이 바로 부활신앙이다. 부활신앙이 확고할수록 우리는 어떤 시련과 역경 신앙을 성숙시키는 밑거름으로 받아들일 수 있다. 도종환 시인의 "흔들리지 않고 피는 꽃이 어디 있으랴"라는 시를 소개한다.

흔들리지 않고 피는 꽃이 어디 있으랴

이 세상 그 어떤 아름다운 꽃들도

다 흔들리면서 피었나니
흔들리면서 줄기를 곧게 세웠나니
흔들리지 않고 가는 사랑이 어디 있으랴

젖지 않고 피는 꽃이 어디 있으랴
이 세상 그 어떤 빛나는 꽃들도
다 젖으며 젖으며 피었나니
바람과 비에 젖으며 꽃잎 따뜻하게 피웠나니
젖지 않고 가는 삶이 어디 있으랴

이 시는 어떤 아름다운 꽃도 바람에 흔들리고 비에 젖으며 피어난다는 사실을 보여 준다. 흔들리며 피는 꽃, 아프면서 크는 나무가 더 아름답듯이 상처를 딛고 일어서는 사람에게서 더 특별한 향기가 난다. 어쩌면 장애물일 수 있는 바람과 비가 더욱 아름다운 꽃을 피우게 하는, 더 특별한 향기를 풍기게 하는 자양분인지도 모르겠다.

부활이라는 꽃을 피우기 위해서도 그렇다. 모진 고통과 십자가의 길이 필요하다. 그런데 복음에서 예수님의 제자들은 바람과 비에 맞서지 못하고 두려워하는 모습을 보인다. 문을 잠그고 방안에 모여 근심과 걱정으로 불안에 떤다. 어쩌면 우리도 제자들처럼 두려움 때문에 부활하신 예수님을 받아들이지 못하고 있지는 않은가? 우리의 현실에도 분명히 두려움의 요소가 존재한다. 무차별적으로 가해지는 정리해고, 희망을 잃은 청년 세대들의 무기력, 10대 청소년부터 노인까지 이어지는 자살, 가정을 붕괴시키는 이혼, 경제적으로 고통 받는 독거노인, 살인적인 물가와 초현실적인 사교육비 등 당면한 문제는 끊이지 않는다. 나아질 기미가 보이지 않아 때로는 혹독한 겨울이 끝나지 않을 것 같기도 하다. 하지만 봄이 오는 것은 자연의 이치이며, 하느님의 질서다. 우리가 부활신앙을 확고히 믿는다면, 그래서 어떤 고통이나 시련도 묵묵히 인내한다면, 우리는 반드시 생명이 소생하고 꽃피는 봄을 만끽할 수 있을 것이다.

흔들리지 않고 피는 꽃, 비에 젖지 않고 피는 꽃은 없다. 두려움에 떨고 있는 제자들에게 부활하신 예수님은 나타나셔서 당신의 평화를 주신다. 그리고 부활의 증인이 되라고 요청하신다.
예수님의 부활을 체험한 우리도 부활의 증인이 되어야 한다. 그렇게 우리 주위에 희망과 위로를 가져다주는, 봄의 전령이 되어야 하겠다.

진정한 자선

　많은 이들이 '자선'이라고 하면 성탄과 연말에 길거리에서 구세군이 벌이고 있는 자선냄비를 떠올린다. 길거리를 지나다니는 사람들이 자선냄비에 크든 작든 십시일반으로 모금된 성금은 가난한 이들을 위해 쓰인다.

　자선은 결코 시혜적 차원의 일방적 관계가 아니다. 자선은 단순히 내 것을 남에게 주는 행위가 아니다. 시혜적 차원의 자선은 '나와 너'를 구분한다. '나'는 주는 사람, '너'는 받는 사람이 된다.

이 관점에서 '내'가 보는 '너'는 단순한 동정의 대상일 뿐이다. 이런 식의 자선은 상대방을 더욱 비참하게 할 수 있다. 물론 필요한 물건이나 돈을 준다는 게 약간의 도움은 되겠지만 수혜자는 그저 동정을 받아야만 하는 비참한 존재로 남는다. 내 편에서도 역시 주는 사람으로 남아 있기 때문에 돈이 있으면 줄 수 있고, 여유가 없으면 줄 수 없다는 사고방식에 머무른다. 그러나 참된 자선이란 내가 있으니까 줄 수 있고, 없으니까 줄 수 없는 조건적인 행위가 아니다. 물론 내가 있을 때에 줄 수도 있지만, 부족해도 나누려는 자세가 되어야 한다. 진정한 자선은 쌍방의 관계를 전제로 한다. 내 것을 서로 나눈다는 의미가 있다. 서로 나눔으로써 마음이 일치하고 그 이웃과 하나가 될 수 있다.

명동에서 근무할 때 일상적으로 만나는 사람들이 있었다. 한 명은 손발이 마비된 베드로라는 청년이었다. 그는 명동 길가에 쭈그리고 앉아 껌을 팔아 생계를 유지했다. 또 명동성당을 올라가는 입구에는 전신이 마비된 아저씨 한 분이 계셨다. 낡은 책상을 앞에 놓고 의자에 앉아 구걸을 하고 있었다. 나와는 항상 눈인사를 나누던 사이였다. 명동성당을 올라가는 언덕 중턱 구석에는 시각장애인이 앉아 구걸을 하고 있었고 성당 입구를 벗어나 로얄호텔 맞은 편 주차장에도 전신마비 환자 한 분이 있었다. 그는 개조된 자전거에 의존해서 지나가는 사람들에게 구걸을 했다. 발음도 제대로 되지 않는 목소리로 뽕짝을 불렀다. 매일 누군가 그를 자전거에 앉혀 그 장소에 데려다 주고, 식사 때가 되면 근처 식당에 데리고 가서 밥을 먹여주어야 했다. 인상 깊었던 것은 자전거에 달린 박스에 심장병 어린이를 위한다고 쓰인 문구였다. 자신도 구걸하는 처지에 남을 돕겠다는 것이었다. 내가 매일 명동에서 만나는 사람들이 바로 이 사람들이었다. 어떤 때는 그들이 귀찮고 마음에 부담으로 느껴질 때도 있었다. 그러나 그들은 나의 무뎌진 양심을 일깨웠다. 사제가 편하게 살려는 유혹을 깨뜨렸다. 돈이 어떻게 쓰여야 할지 알려주었다. 만일 그런 사람들이 주변에 없다면 신경을 쓰지 않아도 될 것이고 나도 한결 마음이 편했을 것이다. 그러나 그들이 나를 불편하게 하는 존재일지라도 그들은 내 양심의 거울이었다. 내 자신을 다시 생각하게 해 주기 때문이었다. 그들은 우리 모두에게 양심의 거울이었다. 자선은 누군가 상대방에게 내가 가진 것을 일방적으로 주는 행위가 아니다. 쌍방의 통교가 이루어지는 사랑의 행위다.

마더 테레사 수녀님은 다음과 같은 말씀을 하신 적이 있다.
"남에게 베푼다는 것은 돈을 준다는 뜻이 결코 아닙니다. 그것은 마음에서 우러난 사랑, 바로 하느님의 큰사랑으로 이웃과 고통을 나누며, 그리스도의 수난에 참여하는 일입니다. 큰사랑은 잘 먹게 하고 잘 입혀주고 편히 잘 자게 하는 그런 사랑이 아닙니다.

그것은 예수님이 스스로를 십자가에 제물로 바쳤듯이, 상처를 입으면서까지 자기 자신을 다 내어 주는 일입니다."

우리는 자선이나 선행을 하면서도 쉽게 위선이 자리할 수 있음을 간과해서는 안 된다. 자선을, 선행을 자기 공로로 돌리고, 거기에 대한 보상효과를 얻고자 한다면 그는 이미 위선이라는 가면을 쓴 자선가다.

구약의 인물 토빗은 자선의 올바른 모습을 보여 준 전형적인 사람이다. 그는 당시 주변 사람들에게 의인으로 불렸다. 사회적으로 소외되고 고통 받는 고아, 과부, 이방인에게 자선을 베풀었다. 가진 것이 있건 없건 자신의 모든 것을 사람들과 나누었다. 또 길가에 죽은 시체를 땅에 묻어 주는 궂은일도 마다하지 않았다. 그러던 어느 날 그는 담 옆에서 낮잠을 자다가 뜨거운 참새 똥이 눈에 떨어져 실명하였다. 여러 해를 괴로운 마음으로 보냈다. 마침내 더 이상 참을 수 없어 하느님께 애소했다.

"나에게는 당치 않은 조롱이 들려오고 많은 슬픔이 나를 짓누르고 있으니 사는 것보다 죽는 것이 오히려 낫습니다."(토빗 3,6).

이에 하느님은 기도를 들으시고 천사 라파엘을 보내 주셔서 그의 눈을 뜨게 해 주셨다. 라파엘은 떠나가면서 다음과 같은 말을 남겼다.

"황금을 쌓아 두는 것보다는 자선을 행하는 것이 더 좋은 일입니다. 자선은 사람을 죽음에서 건져내고 모든 죄를 깨끗이 없애 버립니다. 자선을 행하는 사람은 장수하게 될 것입니다."(토빗 12,9)

토빗 이야기는 자선을 행하는 사람에게 복이 돌아온다는 교훈을 일깨워 준다. 사실 우리가 죽어서 가져갈 것이 무엇이겠는가? 돈, 명예, 권력, 미모? 그 어떤 것도 가져갈 수 없다. 하느님의 심판대에는 오로지 자선과 선행만을 가져갈 수 있다. 우리가 복을 받기 위해 자선을 하는 것은 아니다. 기복적이고 성공주의적 번영신학에 근거한 자선이라면 하느님을 잘못 이해한 것이다. 내가 자선과 선행을 했으니 당연히 하느님은 내게 축복을 내려주셔야 한다는 보상심리가 깔려있다면 '불순한 신앙인'이다. 예수님은 말씀하신다.

"숨은 일도 보시는 네 아버지께서 너에게 갚아 주실 것이다."(마태 6,4)

자선에 대한 축복은 하느님께서 알아서 보상해 준다. 그저 우리가 해야 할 일은 토빗처럼 조건 없이 자기 것을 어려운 이웃과 나누는 삶이며, 그렇게 할 때 하느님 나라를 실현하는 '나눔의 공동체'가 될 것이다.

치유 받은 소경

　요한복음에서 예수님께서는 태생 소경을 기적적으로 치유해 주
신다.(9,1-41) 이 치유 기적은 누가 진정으로 보는 사람인지에 대
한 이야기다. 태생소경. 태어나면서부터 시각장애인이었으니 평
생을 얼마나 고생하며 살아왔겠는가? 사회적으로 소외 받고, 죄
인 취급을 당하며, 먹고살 길이 막막하여 성전 문간에 사람들이
데려다 놓으면 구걸하는 신세로 살아온 비참한 인생이다. 그런데
그가 뜻밖에 예수님을 만난다. 예수님은 그의 눈에 진흙을 바른

다음, 실로암 연못에 가서 눈을 씻으라고 말씀하신다. 이 말씀을 따르자 태생 소경은 눈을 뜨는 기적을 체험한다. 정상인으로 돌아온 그는 이제 사회로 복귀한다.

소경이 눈을 뜰 수 있게 해 주신 예수님, 그분이 빛 자체이시며, 볼 수 있게 하는 능력을 가지고 계신 분이다. 이것은 세례성사의 예표다. 세례성사를 받은 사람들은 어둠 속에 살지 않고 빛의 세계에 사는 사람들이다. 에페소서 말씀처럼 '빛의 자녀'(5,8)가 된 것이다.

요한복음은 계속 이어진다. 태생 소경은 육적으로 눈을 떠서 빛을 보게 되었을 뿐만 아니라 여러 사건을 겪으면서 예수님을 메시아 혹은 사람의 아들로 고백하는 믿음의 사람이 된다. 마지막에 그는 "주님, 믿습니다." 하면서 고백한다. 그는 육적으로 영적으로 완전히 눈을 뜬 사람이 된다.

이 세상에는 눈을 뜨고 있어도 보지 못하는 사람들이 많다. '본다'는 것은 감각적으로 본다는 것만이 아니라 '알게 된다'는 뜻도 포함한다. "박물관에 가면 문화가 보인다.", "365일 공부하면 영어가 보인다.", "아는 만큼 보인다.", "경제가 보인다.", "목욕탕에 가면 체질이 보인다." 이처럼 보인다는 말을 많이 사용한다. 여기서 보인다는 말은 다시 말해 안다는 말과 같다. 박물관에 가면 문화를 알게 되고, 목욕탕에 가면 체질을 알게 된다는 것이다. 나 같은 '태음인'은 사우나에 가서 뜨거운 곳에서 땀을 흘려야 산뜻하고 기분이 좋아진다. 그렇지만 '소음인'은 뜨거운 곳에 가는 것을 싫어한다. 이처럼 '본다'는 말은 '안다'는 말과 일맥상통한다.

태생 소경은 예수님을 만나 눈을 뜬다. 그러나 단순히 눈을 뜨는 것으로 끝나지 않고 예수님이 메시아이심을 '알고 깨닫게' 된다. 이와는 반대로 바리사이들과 다른 유다인들은 치유 받아 기적적으로 눈을 뜨게 된 태생 소경을 부인한다. 그들은 눈으로 보고도 그 사실을 받아들이려고 하지 않는다. 오히려 그들은 눈이 있어도 예수님이 누구이신지 알아보지 못하는 소경이 된다. 급기야 그들은 태생 소경을 회당에서 내쫓는다. 이때 예수님은 다음과 같이 말씀하신다.

"나는 이 세상을 심판하러 왔다. 보지 못하는 이들은 보고, 보는 이들은 눈먼 자가 되게 하려는 것이다."(9,39)

이 말씀을 듣고 바리사이들은 노발대발한다.

"우리도 눈먼 자라는 말은 아니겠지요?"

이에 예수께서는 대답하신다.

"너희가 눈먼 사람이었으면 오히려 죄가 없었을 것이다. 그러나 지금 너희가 '우리는 잘 본다.' 하고 있으니, 너희 죄는 그대로 남아 있다."(요한 9,41)

우리에게 눈이 있어도 제대로 보지 못할 때는 언제인가? 아마도 우리가 아집에 사로잡혀 있고, 자기주장만 할 때. 다른 사람을 경멸하고 얕잡아 보고 무시할 때. 자기만이 최고라고 생각하고 남을 업신여길 때. 지나치게 물질적인 욕심에 매여 있을 때가 아닐까. 특히 사랑이 없으면 이웃을 볼 수 없는 법이다. 사랑은 이웃에 대한 관심이기 때문이다. 어려운 처지에 놓여 있어도 관심이 없기 때문에 그냥 지나치고 말 것이다. 예리고로 내려오는 길에 강도를 만난 사람이 바리사이나 레위사람에게는 눈에 보이지 않는 존재였을 것이다. 그러나 착한 사마리아 사람에게는 도와주어야 할 이웃으로 보인 것이다. 사랑의 마음이 있었기 때문이다.

우리 주변에도 도움이 필요한 이웃들이 많다. 사랑하는 마음이 있다면 우리가 그들을 제대로 볼 수 있을 것이고, 행동으로 옮길 수 있다. 우리 주변에는 어렵게 사는, 소외된 노인들이 많다. 언제나 "사랑하면 이웃이 보인다."는 말을 잊지 않는 삶을 살아야겠다.

씨

장승재

한 낱의 씨를 땅에 심는 것은
그 안에 생명이 깃들어 있음을
우리 모두가 알고있기 때문입니다.

아가씨, 아저씨
당신의 안에도 소중한 생명을
간직하고 있기 때문에 씨로 불립니다.

그래서 우리 모두 누구를 부를 때도
이름 뒤에 씨를 붙입니다.
씨로 불리는 모든 이는 진정 소중합니다.

정미연, 〈사랑〉

성체성혈의 삶

　예수님은 십자가 위에서 죽으심을 통해 당신의 몸과 피를 내어 주시어 우리를 구원하셨다. 왜 예수님이 그렇게도 처절한 죽음을 당하면서까지 당신 자신을 우리에게 내어 주셔야 했을까? 그것은 바로 늘 죄를 짓고 사는 우리들 때문이다. 자주 탐욕과 이기심에 사로잡혀 사는 우리들 때문이다. 미움과 증오로 서로 용서하지 못하고 살아가는 우리들 때문이다. 자신이 살아남기 위해 남을 짓밟고, 거짓과 위선의 삶을 사는 우리들 때문이다. 죄 많은 우리를 위해 예수님은 십자가상에서 당신을 희생하셨고, 이제 우리는 희생제사인 미사성제를 통해 그분이 내어 주신 살과 피를 모신다. 죄로 죽을 수밖에 없던 우리가 이제 성체와 성혈을 받아 모심으로써 다시 살게 되었다.

요한복음에서 예수님이 당신을 '생명의 빵'이라고 말씀하신 이유도 바로 여기에 있다. 우리 생명을 살리는 생명의 빵이신 예수님은 우리를 살리기 위해 당신 자신을 내놓으신 분이다. 우리도 예수님을 믿는 사람들이고 그분의 몸을 모시는 신앙인이라면 당연히 남을 살리기 위해 예수님처럼 자신의 것을 내어 놓는 사람이어야 한다. 그러나 우리는 과연 이웃을 살리기 위해 내 것을, 내 몸을 얼마나 내어 놓을 수 있는가?

내 기억에 오랫동안 자리 잡고 있는 장례미사가 있다. 보통 장례 미사는 시신을 관에 모시고 성당 안에서 미사를 봉헌하는데, 이 미사에서는 시신 없이 단지 고인의 영정만 모셨다.

어느 날 새벽 2시쯤 병자성사를 청하는 어떤 교우의 다급한 전화를 받았다. 환자가 죽기 전에 빨리 병자성사를 주어야 한다는 생각에 옷을 갈아 입고 병원으로 향했다.

일흔이 다 된 할머니가 몸이 부어 있고, 입에는 산소마스크를 한 채 거의 죽음의 문턱에 와 있었다. 병자성사를 끝마쳤을 때 사위되는 사람이 말했다.

"어머니가 신부님을 기다리신 것 같아요. 병자성사를 받으려고….”

할머니는 살아생전 신앙의 모범을 보이신 분이었다. 본당에서 연령회와 안나회 회원으로, 또 최근에는 레지오 단원으로 열심히 활동하셨다. 또한 세상을 먼저 떠난 두 자녀의 영혼을 위해 매월 첫 토요일에 정성스럽게 연미사를 봉헌하셨던 깊은 신심을 지닌 분이셨다. 어려운 이웃을 남모르게 많이 도우셨고, 이 세상을 떠나시기 전 자신의 시신을 기증한 훌륭한 분이셨다. 자신의 몸을 기증한다는 것은 그렇게 쉬운 일이 아닌데 몸의 일부분도 아니고 온몸을 기증하였다. 게다가 자신의 안구를 가난한 사람에게 기증했고, 그 수술비까지 기탁하였다. 참으로 아름다운 마음을 가진 분이셨다. 이 분이야말로 집에서나 밖에서나 자신을 희생하여 남을 돕고, 봉사하는 모범적인 신앙인이었다. 고인은 점점 무뎌져 가는 우리들의 마음에 경종을 울렸다. 죽을 때까지도 이웃을 위해 모든 것을 내어 놓는 삶을 살라고….

시신 없이 영정만으로 거행했던 장례미사를 평생 잊을 수 없다. 나는 그동안 너무 나 자신만을 위해, 내 가족만을 위해 살아오지 않았는지 반성하며 다음과 같은 기도를 바친다.

“예수님, 여태껏 저는 제 자신만을 위해서 살았습니다. 저도 이제 오늘부터 예수님처럼 이웃을 위해 제 자신을 내어 주는 삶이 되도록 노력하겠습니다. 예수님, 감사합니다.”

십자가의 법칙

'십자가의 법칙'을 들어본 적이 있는가? 누구나 이 법칙만 안다면 하느님 나라에 들어가는 것은 떼어 놓은 당상이다. 십자가의 법칙은 이렇다.

예수님이 십자가에 피를 흘리며 처절하게 매달려 계셨다. 십자가 아래에 있던 요한이 십자가에 달리신 예수님을 쳐다보고는 동정과 사랑의 눈물을 흘렸다. 그런데 그 사랑이 너무나 컸기 때문에, 요한은 십자가의 못을 뽑고 주님을 조심스럽게 땅에 내려 드렸다. 주님의 입술이 바싹 마른 것을 보고 물을 한 컵 가져오려고 잠시 자리를 떴다.

  그러나 요한이 돌아와 보니, 주님은 또다시 십자가에 못 박혀 계셨다. 그는 다시 못을 뽑고 주님을 땅바닥으로 끌어내렸다. 그리고는 주님을 덮어 드리려고 담요를 가져오기 위해 다시 자리를 떴다. 요한이 돌아왔을 때, 주님은 또다시 십자가에 달려 계셨다. 요한은 십자가에 달린 예수님을 쳐다보며 물었다.
  "예수님, 어째서 제가 돌아올 때마다 십자가에 다시 못 박혀 계십니까?"
  이때, 예수님이 말씀하셨다.
  "아들아, 나는 십자가에 계속 매달려 있어야 한단다. 이것이 십자가의 법칙이기 때문에, 계속 나는 십자가에 달려 있어야만 한단다."
  요한은 이 말씀이 무슨 말씀이지 몰랐다. 그저 말없이 예수님을 바라보았다. 한참 후에야 그는 주님을 이해할 수 있었다. 그래서 그는 주님을 십자가에 끌어내리고, 주님 대신 자신을 십자가에 못 박았다. 그때서야 주님은 십자가에 되돌아가지 못하셨다.
  예수님에게 사랑받던 제자, 요한이 깨달은 십자가의 법칙이란, 예수님이 하셨듯이 자신을 십자가에 못 박아야 한다는 것이다. 자기 자신의 자발적인 십자가의 희생만이 이웃에게 행복과 평화를 가져다준다. 그러나 현실세계에서는 자신의 희생보다 남이 희생해 주기를 바라고, 자신이 손해를 보기보다 오히려 남이 손해 보는 것을 당연하게 여긴다. 어쩌면 우리는 예수님이 가신 십자가의 길을 따라간다고 고백하면서도 십자가의 불편함과 고통을 외면하고 부활과 영광만을 바라고 있지는 않은가?

 십자가의 법칙은 신앙인에게 언제 어디서건 불변의 법칙이다. 우리 각자에게 주어진 십자가가 있다. 내가 지고 가는 십자가, 내가 못 박혀야 할 십자가라는 사실을 진정으로 깨닫고 묵묵히 짊어지고 갈 때 예수님의 부활과 영광에 참여할 수 있다.

밀알의 법칙

"밀알 하나가 땅에 떨어져 죽지 않으면 한 알 그대로 남아 있고, 죽으면 많은 열매를 맺는다."(요한 12,24)

예수님은 이 말씀으로 당신의 죽음을 암시하며 그 죽음의 의미를 전해주신다. 밀알은 예수님 자신이고, 밀알의 죽음은 예수님이 십자가상에서 죽으심을 뜻한다. 밀알이 죽어 많은 열매를 맺는 것과 같이 예수님은 죽음을 통해 부활의 영광을 보여주셨다.

'밀알'은 생명의 알갱이다. 이 생명의 알갱이 속에는 무한한 생명력이 담겨 있다. 한 알의 밀은 많은 열매를 맺을 수 있는 무한한 가능성이 있다. 그 속에 생명이 있기 때문이다. 한 알의 밀이 죽을 때 거기서 100~120개의 열매를 맺는다고 한다. 이것이 5년 후면 100억 개가 되고 약 1만 7,000가마가 된다. 그러나 밀알을 그대로 두면 그 무한한 가능성이 사라지고 밀알 하나로 남게 된다.

이집트의 피라미드 속에는 5,000년 전의 밀이 보존되어 있다고 한다. 그 밀은 5,000년 전이나 지금이나 한 알 그대로다. 그러나 땅에 떨어져 죽은 한 알의 밀은 한 알이 아니다. 수많은 열매를 맺고 그 생명이 영원히 계속된다. 이것이 밀알의 '자연법칙'이면서도 동시에 '생명의 법칙'이요 '창조의 법칙'이다.

현충사 입구에 있는 비석에는 '必死則生 必生則死' (필사즉생 필생즉사) 즉, "죽고자 하면 살고, 살고자 하면 죽는다."는 글이 적혀 있다. 임진왜란 때 명량해전에서 13척의 배로 왜군 333척의 배를 무찌를 수 있었던 것은 장병들과 죽기를 각오하고 싸울 것을 결의하였기 때문이다.

한 알의 밀이 땅에 떨어져 죽는다는 것은 하느님의 뜻에 따르기 위해 온전히 자신을 죽이고 자신을 희생하는 것을 의미한다. 그리스도를 따르는 우리가 가장 먼저 해야 할 일은 우리 자신을 죽이는 일이다. 많은 사람이 자존심, 교만, 이기심, 위선, 탐욕 등과 같은 단단한 껍질을 둘러쓰고 자기를 방어하고 자기 영역을 넓히려 한다. 이러한 단단한 껍질이 자기를 보호해 줄 것이라는 판단은 완전히 잘못된 것이다. 그런 것들이 오히려 자기 생명을 질식하게 만든다. 그 단단한 껍질을 깨거나 부숴 버려야 한다. 새가 알을 깨고 나와야 새로운 세상을 만날 수 있듯이 쓸데없는 자존심이나 교만 그리고 내 삶의 희망을 갉아먹는 이기심과 위선, 탐욕을 죽여야 한다. 자신을 죽여야만 예수님과 부활할 수 있다.

자신을 희생하지 않고 열매 맺기를 원하는 사람은 씨도 뿌리지 않고 많은 수확을 고대하는 어리석은 사람이다. 회귀본능을 가진 연어는 자기가 태어난 강으로 돌아가 알을 까고 죽어서 자기 생을 마감한다. 어미가 죽지 않으면 새끼도 없고 종족을 보존할 수 없다. 죽음은 슬픈 것이지만 어미가 죽은 강에는 새 생명이 넘쳐난다.

예수님은 십자가상의 희생으로 모든 인간에게 새로운 생명, 영원한 생명을 주셨다. 나 자신도 다른 사람들의 생명을 풍요롭게 하고 행복한 삶이 될 수 있도록 자신을 희생해야 한다. 내 시간과 재능, 내가 가진 것을 내어 주어야 하고, 어느 때는 상대방을 위해 자신을 포기하는 것도 필요하다. 한 알의 밀과 같은 인생, 많은 열매를 맺을 수 있는 생명력과 무한한 가능성을 지닌 인생, 그 가능성을 꽃피

우려면 먼저 예수님처럼 자신을 죽이고 자신을 희생해야 한다. 그럴 때 우리는 인생의 풍부한 열매를 맺는 복된 삶을 살 수 있다. 밀알의 법칙을 따르기만 한다면….

빵의 기적

　예수님은 공생활을 하실 때 어느 곳에 가시든 수많은 사람들이 따라왔다. 예수님의 사랑과 자비의 말씀에 매료된 사람, 평생 불치병으로 고통당하는 사람, 가난한 사람, 죄인, 소외된 사람도 있었다. 그분은 언제나 사람들에게 둘러싸여 있었다.

　'빵의 기적'(마르 6,30-44)이 이루어질 때에 여자와 어린이를 빼고도 장정만 5,000명이나 되었다고 하니 얼마나 많은 사람들이 있었겠는가? 예수님은 그들에게 하느님 나라를 비유로 말씀을 하시고, 병자들을 측은한 마음으로 고쳐 주셨다. 날이 어두워져 저녁 식사 시간이 되자 제자들은 예수님께 사람들을 돌려보내고 각자 식사를 사 먹게 하자고 제안했다. 그러나 사실 그 늦은 저녁에 많은 사람들이 음식을 사 먹는다는 것은 불가능한 일이었다. 그래서 예수님은 "너희가 먹을 것을 주어라." 하고 제자들에게 말씀하셨다.

그러나 제자들이 가진 것이라고는 고작 빵 다섯 개와 물고기 두 마리뿐이었다. 제자들은 이것으로 어떻게 그 많은 사람들을 먹일 수 있느냐 하며 반문했다. 예수님은 말없이 빵 다섯 개와 물고기 두 마리를 축성하신 다음 나누어 주셨다. 그리고 그것을 수많은 사람들이 배불리 나누어 먹게 하셨는데, 그렇게 먹고 남은 양이 열두 광주리나 되었다.

이 빵의 기적 이야기를 유심히 들여다보면, 먼저 제자들의 생각과 태도가 얼마나 세속적인가를 엿보게 된다. 그들은 수많은 사람들과 저녁 식사를 나누어 먹을 일이 끔찍했다. 현실적으로 막연하기만 했다. 그래서 그들은 그 많은 사람들을 마을에 가서 사 먹도록 되돌려 보내는 것이 좋겠다고 예수님께 권유했다. 경쟁과 효율성 원칙에 바탕을 둔 세상의 논리로 볼 때 제자들의 생각은 매우 합리적이었다. 먹을 것을 각자 챙기는 것이 공평하고 정의롭다고 생각했다.

오늘날 이 지구상에도 수많은 사람들이 굶어 죽어가고 있다. 북한만 해도 600만 명이 먹을 것 때문에 고통당하고 있고, 심지어 우리나라에서도 결식아동이 30만 명 정도가 된다고 한다. 제자들 생각대로라면, 먹을 것이 없는 그 수많은 사람들을 방치하는 셈이다. 자기들이 알아서 챙겨먹는 거지, 그것을 어떻게 도와줄 수 있겠는가? 하는 무관심한 태도를 알아채시고 예수님은 그들에게 다음과 같이 말씀하셨다.

"너희가 그들에게 먹을 것을 주어라."(6,37)

다시 말하자면, "너희들은 관심을 가져야 한다. 굶어 죽어가는 사람, 먹을 것이 없어 고통을 당하는 사람들에게 무관심하지 말라."는 말씀이었다. 그 말씀에 제자들은 약간의 성의를 드러냈다.

"여기, 빵 다섯 개와 물고기 두 마리는 있습니다만 이 적은 양으로 그 많은 사람들과 어떻게 나눔을 할 수 있겠습니까?"

제자들의 말은, 도와주고 싶어도 가진 게 별로 없으니 어쩔 도리가 없지 않느냐는 것이었다. 우리는 흔히 이웃과 나눔을 하려 할 때 내가 얼마만큼 가지고 있는지를 생각한다. 가진 것이 많아야 나눌 수 있다고 생각한다. 그러나 많이 소유하고 있다고 과연 많이 나눌 수 있을까? 정반대인 경우가 많다. 가진 사람들이 오히려 없는 사람보다 나누지 못한다. 가진 것에 집착이 크기 때문이다.

그러나 예수님의 생각은 달랐다. 빵 다섯 개와 물고기 두 마리로는 아무 것도 할 수 없다고 생각하는 제자들과 달랐다. 가지고 있는 것이 비록 보잘것없이 적었지만 그것으로 예수님은 수많은 사람들과 나눔을 실천하셨다. 이렇게 나누면 나눌수록 더욱 풍성해지는 현상을 '나눔의 신비'라고 한다. 모든 이들이 나눔의 신비를 실천한다면 얼마나 살기 좋은 가정, 사회가 될 것인가? 다른 사람과 나눌 수 있는 사람이 진정 성숙한 사람이다. 이를 뒷받침하는 한 가지 이야기가 있다.

어떤 꼬마아이가 사탕이 든 병에 손을 집어넣고 한 움큼 사탕을 움켜쥐었다. 그러고는 손을 빼려 했는데 병의 입구가 작아 손이 빠지지 않는 것이었다. 아무리 해도 손이 빠지지 않자 결국 아이는 울음을 터뜨렸다. 아이는 자기 손을 펴야만 손이 병에서 빠져 나올 수 있다는 사실을 나중에야 알게 되었다.

욕심 부리지 않고 자기 몫을 적당히 가져야 다른 사람들도 가질 수 있다. 구약의 탈출기에서 이스라엘 백성들은 40년을 광야에서 헤맸다. 먹을 것이 다 떨어졌을 때 하느님은 하늘에서 만나를 내려 주셨다. 그 만나는 하루에 사용할 자기 몫만을 가져가게 되어 있었다. 더 욕심을 내어 가져가서 쌓아놓은 것은 결국 다음날 다 썩어버렸다. 우리는 만나를 받아먹는 방식대로 욕심을 버려야 한다. 욕심을 채우기 위해 예수님의 제자들처럼 자기만 생각하고, 자기가 소유한 것만 생각하지 말아야 한다. 마음에서 우러나오는 태도로 이웃과 나눌 때 더욱 풍성해지는 기적이 일어날 것이다.

꽃마음 별마음, 예수마음

　　예수님의 마음은 어떤 마음일까? 상대방의 마음을 헤아린다는
것은 참 어려운 일 중 하나다. 생텍쥐페리가 쓴 '어린 왕자'라는 책
을 보면, 어린 왕자가 사막의 여우에게 질문을 한다.
　　"세상에서 가장 어려운 일이 뭔지 아니?"
　　"글쎄, 돈 버는 일, 아니면 밥 먹는 일?"
　　"세상에서 가장 어려운 일은, 사람이 사람의 마음을 얻는 일이
란다."

사람이 사람의 마음을 얻는 것이 이토록 어렵다면 어째서 그럴까? 남편과 아내는 부부로서 한 몸뿐만 아니라 한마음이 되어야한다. 하지만 현실적으로 몸은 하나가 되었지만 마음은 갈라져 있는 경우가 많다. 부모와 자녀 간에도 보면 서로 마음이 하나가 되어야 하지만, 뱃속에서 나왔다고 해서 다 내 마음대로 자식들이따르는 것이 아니다. 친구 간에도, 이웃 사람 간에도, 직장 동료간에도 상대방의 마음과 일치한다는 게 어렵다는 것을 깨닫는다.상대방의 마음을 얻어 그 사람과 하나가 되는 것이 바로 기적이다.

　상대방의 마음은 어떻게 하면 얻을 수 있을까? 한 마디로 말해주는 마음이 되어야 한다. 주는 마음은 열린 마음이다. 자신의 마음을 열고 상대방을 있는 그대로 받아들일 때 상대방의 마음을 얻을 수 있다. 열린 마음은 빗장을 열어서 상대방이 내게로 다가오게 하는 것이다. 마음의 빗장을 열기 위해서는 내 것을 고집하지말아야 한다. 다시 말해, 내 것을 포기하고 상대방 입장이 될 때열린 마음이 될 수 있다. 그렇게 되면 남의 것을 받아주는 마음이될 수 있는 것이다.

　열린 마음은 상대방의 말을 들어주고, 상대방의 마음을 받아주게 되면서 상호 소통이 이루어진다. 서로 소통이 될 때 비로소 서로가 이어지고 연결되어 각자의 것을 나눌 수 있다. 따라서 열린마음은 소통을 가능하게 하고, 소통은 서로의 나눔이라는 기적을 일으킨다.

반대로, 자기 말만 하는 사람이 있다. 자기주장만 고집하는 사람이 있다. 자기 생각만이 옳다고 믿고, 그것을 남에게 강요하는 사람이 있다. 다른 사람과의 소통보다는 일방적이고, 권위적으로 상대방을 지배하고 통제하려 한다. 그런 사람의 마음은 닫혀 있다. 닫힌 마음은 소통이 되지 않기 때문에 결국 나눔은 이루어질 수 없어 불행과 비극을 체험할 뿐이다.

열린 마음은 자기 것을 포기하지만, 또한 자신의 모든 것을 아낌없이 내어 주는 마음이다. 바로 예수님의 마음이 열린 마음이다. 예수님은 우리 인간의 구원을 위해 비천한 인간의 모습으로 이 세상에 오셨고, 가난한 사람, 죄인, 병자, 소외받은 사람들 모두와 만나고 소통을 하면서 당신의 모든 것을 나누어 주셨다. 심지어 십자가의 죽음으로 당신의 몸까지 내어 주시면서까지 우리를 사랑하신 것이다. 예수님의 열린 마음은 바로 희생과 사랑의 마음이고, 나눔과 일치의 힘이다.

예수님의 거룩한 마음을 닮아 우리도 거룩한 마음, 열린 마음으로 변화되어 나눔과 일치의 기적을 이루는 신앙인이 되었으면 한다. 다음은 이해인 수녀님의 '꽃마음 별마음'이란 시이다.

꽃마음 별마음

오래 오래 꽃을 바라보면
꽃마음이 됩니다

소리 없이 피어나
먼 데까지 향기를 날리는
한 송이의 꽃처럼
나도 만나는 이들에게
기쁨의 향기 전하는
꽃마음 고운 마음으로
매일을 살고 싶습니다.

오래 오래 별을 올려다보면
별마음이 됩니다.

하늘 높이 떠서도 뽐내지 않고
소리 없이 빛을 뿜어내는
한 점 별처럼
나도 누구에게나 빛을 건네주는
별마음 밝은 마음으로
매일을 살고 싶습니다.

이웃에게 기쁨의 향기를 뿜는 꽃마음, 밝은 빛을 뿜어내는 별
마음은 다름 아닌 예수마음이다. 모두 예수마음을 지녀 서로 하나
가 되는 하느님 나라가 도래하기를 기도한다.

정미연, 〈세례〉

평생 유혹받는 우리
어떻게 벗어날까?

사순시기는 예수님의 고통과 수난을 함께하는 십자가의 길을 따라 참회하는 시기다. 동시에 주님의 은총을 체험하는 때이기도 하다.

악마는 사순절이 되기 전에 동계훈련에 들어간다고 한다. 헬스클럽에 다니면서 체력을 단련하고 중무장을 하는 것이다. 그리고 녹슨 칼을 갈고, 총을 점검하고, 사격장에 가서 사격연습을 한다. 그렇게 만반의 준비를 끝낸 후 마침내 사순절에 신자들의 이마에 재가 발라지면 이때부터 총공격에 들어가기 시작한다.

그렇다면 신자인 우리는 이에 어떻게 대비해야 할까? 우리도 무장을 해야 한다. 십자가의 길을 바치고, 사순특강을 듣고, 판공성사도 보아야 하며, 피정도 해야 한다. 이렇게 단단히 방어태세를 갖추어야만 악마의 침공에 맞설 수 있다.

광야와 같은 세상을 살면서 우리는 얼마나 많은 유혹을 받고 있는가. 좋은 집에 살고 싶고, 좋은 차도 가지고 싶고, 좋은 음식에 좋은 옷을 입고 싶은 유혹에 날마다 시달린다. 어디 그 뿐인가? 겨우 끊었던 담배를, 연기만 보고도 도저히 참을 수 없어 다시 입에 물기 시작한다. 도박도 그렇고 게임도 그렇다. 이러한 유혹에 빠져 헤어 나오지 못해 인생을 허비하고 죽음에 이르는 이들이 얼마나 많은가?

복음은 인생에서 늘 겪어야 하는 유혹에 대해 다루고 있다. 그중에서도 가장 뿌리치기 힘든 달콤한 유혹은 '빵의 유혹', '하느님을 시험하는 유혹', '권세에 대한 유혹'이다.

예수님께서는 공생활을 하시기 직전, 광야에서 40일간 단식하신 다음 악마의 유혹을 받으셨다. 40이란 숫자는 성경에서 새로운 일을 앞두고 준비하는 기간을 의미하는데, 40일간의 단식은 거의 죽음에 가까운 고통이다. 보통 사람으로서는 매우 견디기 힘든 굶주림인 것이다. 예수님이 이러한 고통 중에 계실 때, 악마가 유혹의 말을 던진다. 돌을 빵으로 만들어 보라는 것이다. 빵에 대한 유혹은 곧 재물에 대한 유혹을 상징한다. 그래서 악마가 던진 유혹의 말은 그리스 신화의 마이더스 왕을 연상케 한다. 마이더스 왕은 무엇이든지 만지면 황금으로 변하는 손을 가진 부의 화신이다. 재물 걱정이 없으니 만사가 형통할 것 같지만, 오히려 너무 과도한 부는 불행을 초래한다. 그는 물을 마시려 해도, 음식을 먹으려 해도 먹을 수가 없었다. 모두 황금으로 변해 버렸기 때문이다. 그런 그는 마침내 실수로 사랑하는 딸까지 황금으로 만들어 버린다.

마이더스 왕에게 필요한 것은 황금이 아니었다. 오로지 한 모금 물이었고, 빵이었고, 사랑하는 딸이었다.

많은 이들이 돈을 모으는 일에 지나치게 집착한다. 먹고 살기에 부족함이 없어도 끊임없이 더 많은 재물을 긁어모으려 혈안이 되어 있다. 돈 앞에 고개 숙이며 가진 자 앞에 당당하지 못하다. 그래서 수단과 방법을 가리지 않고 부정부패를 일삼아 부를 축적한다. 사회정의나 윤리, 일도 없었던 듯 풀려난다. 돈의 유혹에 넘어가게 되면 더 이상 가족도, 이웃도 존재하지 않는다. 홀로 사는 존재가 될 뿐이다.

빵의 유혹을 받으신 예수님은 "사람은 빵만으로 살지 않고 하느님의 입에서 나오는 모든 말씀으로 산다."고 하시며 악마의 유혹을 물리친다. 그렇지만 악마는 끝까지 포기하지 않는다. 악마의 유혹은 점점 그 강도를 높여간다. 빵의 유혹이 실패한 다음에는 하느님을 시험하는 유혹, 권세에 대한 유혹이 이어진다. 그러나 예수님은 하느님의 말씀으로 모든 유혹을 물리치셨다.

우리는 평생 유혹을 받는 존재다. 어느 누구도 유혹에서 벗어날 수는 없다. 하지만 분명히 유혹에 쉽게 넘어가는 사람과 그렇지 않은 사람은 존재한다. 유혹에 가장 쉽게 넘어가는 사람이 누구인지 아는가? 바로 허영심이 강한 사람이다. 허영심이 강한 사람은 허욕을 부리게 되고, 허욕을 부리는 사람은 더 많은 것을 가지기 위해 결국 유혹의 손길을 받아들인다.

반면 유혹에 쉽게 넘어가지 않는 사람은 겸손한 사람이다. 겸손한 사람은 자신을 높이기보다 낮은 자세로 상대를 존중한다. 이런 사람에게는 사랑이 가득하기 때문에 악마가 쉽게 접근할 수 없다. 유혹에서 쉽게 벗어나기 위해서, 우리는 어떤 사람이 되어야 하겠는가?

우리는 기도하며 주님께 의지해야 한다. "유혹을 없애주십시오"가 아니라 "유혹에 빠지지 않게" 해 달라고 기도해야 한다. 사실 미사 때마다 외우는 주의 기도에서도 우리는 늘 이렇게 기도하고 있다.

"우리를 유혹에 빠지지 않게 하시고, 악에서 구하소서." 아멘.

사랑의 조건

올해 이태리 성지순례 중 피렌체를 방문했을 때 〈신곡〉의 저자인 단테가 살았던 곳을 지나게 되었다. 단테는 열 살 때 베아트리체라는 여인을 처음 보자마자 사랑을 느꼈다. 그 어린 가슴에 그녀의 모습은 하늘에서 내려온 작은 천사였다. 9년이 지나 단테는 그녀를 우연히 다시 만나지만 그것으로 마지막이었다. 그 후 단테는 부모가 맺어주는 대로 다른 여자와 결혼을 했고, 베아트리체역시 다른 남자와 결혼했다. 그러나 그녀는 불행하게도 결혼한 지

3년 만에 24세의 젊은 나이로 요절했다. 이 소식을 접한 단테의 비통함은 이루 말할 수 없었다. 첫사랑이자 마지막 사랑이었던 그녀를 잊지 못한 단테는 〈신곡〉을 13년간 쓰면서 '천국'편에서 베아트리체를 아름다운 여인으로 묘사하였다. 요즘 금방 만났다 금방 헤어지는 인스턴트 사랑 시대에 단테의 베아트리체를 향한 숭고한 사랑, 영원한 사랑이 그립다.

우리는 역사에 남는 특출한 사랑을 실천하기는 어렵겠지만 그리스도인으로서 예수님이 남겨주신 사랑의 계명을 지키려고 노력한다.

"내가 너희를 사랑한 것처럼 너희도 서로 사랑하여라."(요한 15,12)

예수님이 말씀하시는 사랑은 분명 추상명사는 아니다. 그 사랑은 늘 움직이고 실천하는 '역동적인 동사'가 되어야 한다. 역동적인 사랑이 되려면 사랑이 구체화되어야 한다. 사랑은 구체적으로 상대방을 존중하고 배려하는 태도로 표현되어야 한다. 예를 들어, 밖에 나가면 쉽게 알바생들을 만나게 된다. 주유소에서 혹은 편의점에서 아니면 음식점에서 그들을 만날 때 나는 어떤 태도와 말투로 대하는가? 알바생들에게 어떤 손님이 좋으냐고 물어보니까 "'어서 오세요.' 했는데 반응을 보여주시는 손님, 나가면서 '수고하세요.' 하는 손님, 인사 드렸을 때 같이 웃어주시는 손님, 실수하더라고 옆에서 격려 많이 해 주시고 다독여 주시는 손님, 찾아주시고 기억해 주시는 손님, 고맙다는 말 한 마디가 큰 힘이 되는 것 같아요."라고 대답했다고 한다. 사랑은 상대방을 향해 존중과 배려로 표현되어야 한다. 남편과 아내 관계 역시 진정한 사랑의 관계가 되려면 서로 존중해 주고 배려해 주어야 한다. 존중과 배려는 사랑 이란 음식을 썩지 않고 변질되지 않게 해 주는 소금과 같다.

또한 사랑은 이웃과 함께 해 주고 함께 나누는 것이다. 19세기 미국의 유명한 시인 에밀리 디킨슨의 시 중에 〈만약 내가〉라는 시가 있다.

만약 내가

만약 내가 한 사람의 가슴앓이를 멈추게 할 수 있다면,
나 헛되이 사는 것은 아니리.
만약 내가 누군가의 아픔을 쓰다듬어 줄 수 있다면,
혹은 고통 하나를 가라앉힐 수 있다면,
혹은 기진맥진 지친 한 마리 울새를
둥지로 되돌아가게 할 수 있다면,
나 헛되이 사는 것은 아니리.

내가 살면서 단 한 사람이라도 그 사람의 아픔을 위로하고 따뜻하게 해 줄 수 있다면 헛된 삶은 아닐 거라는 말이다. 우리 신앙인

역시 이웃에게 그와 같은 존재가 된다면 바로 예수님의 사랑의 계명을 실천하는 것이다. 우리 주변에 아픔과 상처를 안고 살아가는 사람들이 많다. 자녀문제로, 부부 문제로, 경제적인 문제로, 불의에 희생당하는 문제 등으로. 그런 사람들의 처지에 동참하고 그 고통을 함께 나눌 줄 알아야 한다. 세월호 사건으로 희생당한 가족들, 부당하게 해고를 당해 먹고살 길이 막막한 이들, 취업하지 못해 실업자로 전락해가는 청년들…. 우리가 예수님을 따르고 사랑의 계명을 지키는 사람들이라면 이런 현실을 외면하지 말고 동참해야 한다. 내가 먼저 헌신과 희생이 따르는 사랑을 실천하는 사람이 되어야 한다. 어느 때는 콜베 신부처럼 자기 목숨까지도 바치는 숭고한 사랑도 필요하다.

"사랑하는 이는 모두 하느님에게서 태어났으며 하느님을 압니다. 사랑하지 않는 사람은 하느님을 알지 못합니다. 하느님은 사랑이시기 때문입니다."(요한 4,7-8)

멀리 있기

유안진

멀리서 나를
꽃이 되게 하는 이여
향기로 나는 다가갈 뿐입니다

멀어져 나를
별이 되게 하는 이여
눈물 괸 눈짓으로 반짝일 뿐입니다

멀어서 슬프고
슬퍼서 흠도 티도 없는
사랑이여

죽기까지 나
향기 높은 꽃이게 하여요
죽어서도 나
빛나는 별이게 하여요

정미연, 〈부활〉

거인의 정원

사람들은 자기에게 이득이 없고, 해가 조금이라도 된다면 사람이든 물건이든 가차 없이 관계를 끊어 버린다. 요한복음을 보면, 예수님을 추종하던 무리 중에 많은 사람이 예수님의 곁을 떠나간다. 도대체 예수님의 말씀을 이해할 수 없다는 것이다 "내 살을 먹고 내 피를 마시는 사람은 영원한 생명을 얻는다."(6,54)고 하니 누가 이 말을 쉽게 이해할 수 있겠는가? 결국 예수님을 믿고 따르던 사람들 대부분이 예수님의 곁을 떠나가 버리고 만다. 다만 열 두 제자들만이 예수님 곁에 남는다. 예수님 말씀의 요지는 이러했다.

"영은 생명을 준다. 그러나 육은 아무 쓸모가 없다. 내가 너희에게 한 말은 영이며 생명이다."(6,63)

예수님을 따른다고 하던 사람들 대부분은 영이며 생명이 되는 예수님의 말씀을 알아듣지 못했던 것이다. 이 사람들이 알아듣지 못했던 이유는 무엇일까? 그 사람들이 예수님께 바라는 것은 육적이고 세속적인 것이었기 때문이다. 우리가 신앙생활을 하는 이유는 도대체 무엇인가? 물질적으로 많이 소유해서 부자가 되고 성공하는 삶을 살기 위해 신앙생활을 하는 것일까? 그렇지 않다. 영적이고 생명이 되시는 예수님의 말씀을 따라 사는 것을 참 행복이라고 믿는 사람들이 참 신앙인이다. 오스카 와일드의 동화 '욕심쟁이 거인'의 첫머리에 보면 다음과 같은 이야기가 나온다.

날마다 오후가 되면 아이들은 학교에서 돌아오는 길에 거인의 집 정원에 가서 노는 것이 재미있었다. 거인의 정원은 크고 아름답고, 또 부드러운 잔디가 파랗게 깔려 있었기 때문이다. 그러던 어느 날 거인이 외출했다 돌아왔을 때, 성에서 아이들이 놀고 있는 모습을 보게되었다.

"너희들, 뭐 하는 거야? 이 정원은 내 정원이야. 이제부터는 아무도 들어와서 놀지 못해."

거인은 자기 정원 둘레에다 높은 담을 쌓고 다음과 같이 팻말을 써 붙였다. '정원에 들어오는 사람은 벌을 받을 것임.' 놀이터를 잃은 불쌍한 아이들은 길에서 놀아 보았지만 길은 먼지투성이에다 돌이 잔뜩 박혀서 잘 놀 수가 없었다. 아이들을 쫓아버린 뒤에 정원은 어떻게 되었을까? 그 정원은 북풍과 우박과 서리와 눈이 나무 사이를 돌아다니는 겨울만 계속되었고 더 이상 꽃이 피지 않게 되었다. 그래서 거인이 자신의 잘못을 크게 뉘우쳤다.

"아이들아, 이제 이 정원은 너희 것이야."

그리고 큰 도끼를 가져다가 담을 헐어 버렸다. 그 후에 정원에 다시 봄이 왔고 거인은 아이들과 아름다운 정원에서 함께 놀며 행복하게 지냈다.

이 동화의 시작 부분에서 거인은 자신이 정원의 소유주로서 독점하는 것이 당연하다고 생각하고 자신의 정원에서 놀고 있는 아이들을 내쫓는다. 내 것에 집착할 때 우리는 이웃과의 소통이 단절됨을 알 수 있다. 그 단절은 스스로 만들어 놓는 것이다. 담을 높이 쌓아서 아이들이 들어오지 못하게 한다. 그 결과 거인의 정원에는 삭막한 겨울만이 지속된다. 일종의 지옥인 셈이다. 마침내 거인은 겨울을 더 이상 이기지 못해, 정원을 아이들에게 개방한다. 그래서 정원은 다시 봄이 찾아와 새들이 지저귀고 꽃이 피기 시작해서 거인은 아이들과 함께 행복하게 살게 된다.

과거 2000년 전에 예수님이 하신 영과 생명의 말씀은 물질적인 소유에 지나치게 집착하지 않고 이웃과 공유할 때 거기가 바로 천국이라는 것이다. 거인은 새들이 찾아오고 꽃이 피는 정원이 되고 천국이 되는 방법을 나중에야 깨닫게 된다. 자신이 소유와 독점으로 홀로 있음에서 벗어나 아이들과 함께하는 것이 천국이라는 것을….

탐욕을 버리고 새 사람으로

옛날에 한 농부가 있었다. 어느 날, 밭에 심은 채소를 뽑다가 사람 몸집만한 큰 무를 뽑게 되었다. 그 사람은 낑낑거리며 무를 뽑아서는 평소 존경하는 사또에게 달려갔다. 고을 사또는 고을의 사람들을 골고루 사랑했을 뿐 아니라 거만하지 않고 늘 겸손한 인물이었다.

"사또! 제가 수십 년 동안 밭농사를 지어 왔는데, 글쎄, 올해는 사람 몸 크기의 무가 나오지 않았겠습니까? 이것은 모두 사또님의 은덕입니다. 그래서 이 무를 사또님께 바치려고 왔습니다.”

사또가 농부의 말을 듣고 보니, 세상에 이렇게 마음씨 고운 사람이 있나 싶었다. 그래서 이방을 불러 이렇게 말했다.

“거 요새 뭐 선물로 들어온 게 있소?”

“아, 예, 사또. 며칠 전에 송아지 한 마리 들어온 게 있습니다.”

“그래? 그럼 그 송아지를 이 농부에게 주구려.”

농부는 무 하나 바치고 송아지 한 마리를 얻어서 집으로 돌아온 것이다. 횡재를 한 것이다. 그러자 근처에 사는 다른 농부가 그 소문을 듣고는 매우 배가 아팠다.

“아 글쎄, 아무개가 무 하나 바치고 송아지 한 마리를 받았다고 하네.”

“뭣이? 그런 일이 있었단 말이지. 그럼 송아지 한 마리를 바치면 논 몇 마지기를 주겠군.”

다른 농부는 그렇게 말하고 바로 집에서 키우던 소를 가지고 사또에게 갔다.

“사또님, 안녕하십니까? 저는 수십 년간 소를 키워 왔는데, 금년에 이와 같이 좋은 송아지가 나왔지 뭡니까? 그런데 이것을 팔자니 너무 아까워서 사또님한테 바치려고 끌고 왔습니다.”

사또가 보니, 과연 또랑또랑한 눈에 건강해 보이는 송아지였다. 사또는 기뻐하며 하인을 불렀다.

“거 요새 뭐 선물로 들어온 게 있소?”

"예, 요전에 들어온 무밖에 없습니다."

그 말을 들은 사또는 아무 거리낌 없이 이렇게 말했다.

"그래? 그럼 얼른 그 무를 이 사람에게 선물로 주거라."

더 큰 걸 바랐던 농부는 결국 훨씬 더 작은 걸로 바꾸게 되었다. 검은 속은 표시가 꼭 나는 법이다. 욕심 많은 사람, 머리를 굴려 약삭빠르게 움직이는 사람들은 결국 제 꾀에 빠지게 되어 있다. 이런 사람은 남이 잘 되는 것에 배 아파하고, 남이 잘 되는 것을 바라지 않는다. 정말로 욕심을 줄이고 남이 잘되도록 축복해 준다는 게 쉬운 일이면서도 동시에 어려운 일이다.

루카복음에서 예수님은 어리석은 부자 이야기를 들려주신다.(12,16-21) 창고를 더 지어 창고마다 곡식을 가득 채운 부자가 이제 마음 놓고 인생을 즐기고자 하지만 당장 오늘밤 죽음을 맞이하게 된다면 그 재물이 무슨 소용이 있겠느냐는 것이다. 예수님은 지금도 우리 모두에게 경고하신다.

"모든 탐욕을 경계하여라!"

중국 소설 서유기를 보면 삼장 법사가 서역으로 가는 길에 세 명을 대동한다. 손오공, 저팔계, 사오정이다. 이들은 궁극적으로 불교에서 깨달음을 얻는 데 장애되는 근본적인 번뇌, 즉 탐, 진,

치를 상징적으로 보여주는 인물이다. 손오공은 진이라는 성냄을, 저팔계는 탐이라는 욕심을, 사오정은 치라는 어리석음을 의미한다. 불교에서는 삼독 중 탐을 악의 근본으로 본다. 탐욕, 이것으로 인해 인간은 고통을 당하게 되고, 번뇌한다는 것이다. 정말 곰곰이 생각해 보면, 지나친 욕심 때문에 우리가 스스로 만드는 고통이 얼마나 많은가? 어떤 철학자는 이렇게 말했다.

"우리는 타인의 욕망을 욕망한다."

정말로 우리는 남들이 부러운 눈초리로 보기에 우리는 좋은 차, 좋은 집을 바라고, 사회적 출세와 성공을 원한다. 어쩌면 우리 시대는 욕심을 더욱 키우고 능력껏 채우라고 부추기고 있는 것 같다. 그래서 사람들은 끊임없이 남보다 더 빨리, 더 많이 벌려고 하고, 더 높이 오르려고 탐욕과 이기심에 빠져 있는지도 모르겠다. 그 탐욕의 대가는 자신뿐만 아니라 이웃도 비참하게 만든다. 사실 지나친 욕심과 욕망을 채울 수 없는데도 끊임없이 충족시키려는 데서 불안과 근심에 쌓이게 되고, 수단과 방법을 가리지 않고 소유하려는 데서 이웃을 해치게 된다. 탐욕에 사로잡힌 사람은 예수님이 말씀하시는, "자신을 위해서는 재화를 모으면서 하느님 앞에서는 부유하지 못한 사람"(루카 12,21)이다.

바오로 사도는 콜로새서에서 아래처럼 강하게 권고하고 있다.

"나쁜 욕망, 탐욕을 죽이십시오. 탐욕은 우상숭배입니다."(3,5)

"여러분은 옛 인간을 그 행실과 함께 벗어 버리고, 새 인간을 입은 사람입니다."(3,9-10)

땅을 좋아하는 욕심쟁이

땅을 좋아하는 욕심쟁이가 있었다. 그는 조금이라도 돈이 생기면 땅을 샀다. 하루는 그 나라의 임금님이 소문을 듣고 찾아와 제안했다.

"하루 종일 말을 달려라. 네가 돌아온 땅은 거저 주마."

욕심쟁이는 새벽에 떠나 쉬지 않고 말을 달렸다. 저녁때가 되자 말도 피곤하고 사람도 피곤하여 모두 정신을 반쯤 잃었다. 그래도 욕심쟁이는 끝까지 쉬지 않고 말을 달렸다. 그러나 원하는 만큼 말을 달리고 겨우 동네로 돌아와서 마음을 놓았을 때, 그만 힘이 풀려 말에서 떨어져 죽고 말았다. 훗날 그 욕심쟁이의 무덤에는 이런 말이 쓰여 있었다.

"이 사람의 땅은 이 나라의 절반이나 될 뻔 했으나 지금 그의 땅은 한 평의 무덤밖에 없다."

대문 밖 행복한 라자로

　어떤 부자가 있었다. 그는 자주색 옷과 고운 아마포 옷을 입고 날마다 즐겁고 호화롭게 살았다. 그의 집 문간에는 라자로라는 가난한 사람이 살고 있었다. 그는 부자의 식탁에서 떨어지는 음식으로 배를 채우려 했지만 가능하지 않았고, 그의 몸은 종기투성이라 개들까지 와서 그의 종기를 핥곤 하였다. 이 두 사람은 그렇게 살다가 죽었다. 그런데 놀랍게도 죽음 뒤에 이 두 사람의 처지가 서로 뒤바뀌고 말았다. 라자로는 아브라함의 품에 안식을 취하고 있고,

부자는 영원히 꺼지지 않는 불 속에서 고통을 당하고 있었다.(루카 16,19-31)

우선 살아생전 부자의 모습을 그려보자. 부자는 어떤 사람이었을까? 부자는 다른 사람의 희생을 기반으로 마음껏 소비하고, 동료 인간의 고통에는 전혀 관심이 없는, 자기만족에 빠져 있는 사람들이다. 이런 부자들이 하느님의 심판을 받을 것이라고 아모스 예언자가 경고한다. 하느님의 심판은 단지 지나친 소비와 자기만족에 대한 것이 아니고, 배고프고 가난한 사람들을 무시한 것에 대한 심판인 것이다.

거지 라자로는 부잣집 문밖에 앉아 있었다. 문은 주인이 외부 사람을 필요로 할 때는 열어 주고 필요 없을 때에는 닫아 버리는 것이다. 문은 주인의 의지와 선택에 따라 열리기도 하고 닫히기도 한다. 그러니까 문은 외부와의 소통의 상징이다. 그렇다면 그 소통에 주도권을 쥐고 있는 사람은 집 주인이다. 호화스럽게 살고 있는 부자인 것이다. 그런데 그 부자는 라자로가 문 안으로 들어오지 못하게 문을 닫고 있다. 문을 닫을 때는 소통이 되지 않는다. 즉, 부자는 스스로 불쌍한 라자로를 단절시키고 있는 것이다. 왜 부자는 라자로를 단절시키고 있을까? 라자로에게 무관심하기 때문이다. 관심이 없기 때문에 부자는 라자로의 존재를 무시한다. 분명히 문밖에 라자로가 고통 속에 존재하는데도 부자는 그를 보지 못한다. 부자가 라자로와 소통을 하지 않는 것은 라자로를 한 동료 인간으로 보지 못하기 때문이다. 그가 돈이 없는 가난한 거지이기 때문이다.

부자가 라자로를 동료 인간으로 보지 못하는 진정한 이유는 무엇일까? 부자는 '자기'라는 폐쇄회로 속에 갇혀 버렸기 때문이다. 한 마디로 말한다면, 그의 삶은 자기중심적 삶이라 할 수 있다. 매일 그는 사치스럽게 입고, 포식하며 세상의 욕망을 채우는 일로 산다. 그러니 가난하고 불쌍한 라자로가 그 부자의 눈에 보일 리가 있겠는가. 부자의 눈에 라자로는 비존재, 있어도 없는 존재나 마찬가지다. 우리는 이 부자를 자세히 들여다보면서 이 세상의 비극과 불행이 왜 존재하는지 깨닫는다.

우리도 자기 속에 갇혀버릴 때, 자기중심적으로 살아갈 때 이웃을 제대로 볼 수 없다. 이웃도 하느님의 모상과 하느님의 생명을 지니고 있는데도 그 이웃을 한 인간으로, 한 인격체로 인정하지 않고 비인간적으로 무시해 버린다. 우리 주변에는 이런 사례들이 참 많다. 대학이나 병원, 큰 건물에서 일하는 청소노동자와 간병인들이 밥을 먹거나 쉴 공간이 없어 화장실이나 차가운 창고에서 도시락을 먹는 게 현실이다. 이들은 매일 새벽부터 밤늦게까지 궂은일을 해야 하기 때문에 하루 두 끼를 일터에서 해결해야 하는데, 한 달에 채 100만 원도 받지 못하는 월급으로 매일 구내식당을 이용하기 부담스러워 대부분 도시락을 싸온다고 한다. 그런데 잠시 쉬면서 마음 편히 도시락을 먹을 작은 공간조차 없어 사람들의 눈길이 닿지 않는 비상통로나 비좁고 더러운 창고에서 식사하는 것이다. 그런데 이들 대부분이 비정규직이라 열악한 근무환경을 개선해 달라고 요구조차 못하는 실정이다. 돈이 없는 사람은 사람대접을 받지 못하는 사회다.

얼마 전에 어떤 수녀님이 겪은 일이다. 그 수녀님은 가난한 사람으로 사는 것을 사도직으로 하는 수도회에 속하기에 파출부로 노동하는 사도직을 살고 있었다. 하루는 수녀님이 어느 신자 집에 파출부 일을 나갔다. 신자 집이라고 해서 비교적 일이 수월할 것으로 기대하고 갔지만 그 집 안주인은 집안일을 잔뜩 쌓아놓고 이것저것 시키기만 했다. 집안에 세탁기가 있어도 옷감이 상하니 모두 손빨래를 하라는 등 여러모로 고되게 일을 시켰다. 그래도 수녀님은 주인이 요구한 대로 집안일을 하는데, 잠시 후에 안주인 친구들이 놀러 와서는 함께 고스톱을 치기 시작했다. 그들은 고스톱을 치면서, 집안일을 하는 수녀님을 흘끗흘끗 쳐다보며 이런저런 이야기를 나누기 시작했다.
"수녀한테 일을 시키면 좀 불편하지 않아?"
"뭐, 어때, 어차피 우리 집 아니어도 어디서든 일할 텐데. 수녀니까 도둑질 걱정은 없고 믿을 만하잖아?"
사람을 바로 옆에 두고도 마치 수녀님이 아무 것도 듣지 못하는 사람처럼 전혀 거리낌 없이 말을 주고받던 이들은 다시 고스톱에 열중했다. 그러다 점심시간이 되어서 중국 음식점에 주문을 하는데, 일하는 수녀님은 빼고 안주인과 친구들 몫만 배달해서 자기들끼리 먹었다. 일하는 수녀님 점심은 알아서 먹든지 말든지 아무도 관심이 없었다. 그 수녀님은 그 모든 일을 겪으면서, 자신을 전혀 사람 취급하지 않는 그들의 행태에 정말 너무 기막히고 속상했다고 한다. 그 수녀님의 경험은 아주 특별한 경험이 아니라 가난한 이들이 수없이 겪는 많은 일 중 하나일 뿐이라는 것이다.

우리 자신의 삶을 돌아본다. 내 돈을 받는 사람은 함부로 해도 된다는 생각으로 인간 이하의 취급을 한 적은 없었는가. 돈이 사람의 가치를 평가하는 잣대가 된다는 것은 비극이다. 사람은 누구나 귀하다. 하느님의 생명을 지니고 있기 때문이다. 돈이 많고 적음에 따라 인간을 평가해서는 안 된다. 그런 행위가 바로 죄가 되는 것이다. 부자가 라자로를 인간 이하로 취급한 죄를 지은 것은 라자로 안에 있는 하느님의 생명을 거부했기 때문이다. 우리는 돈으로 사람을 판단하는 우를 범하지 않고 모든 사람을 하느님의 자녀로 대해야 한다.

"너희가 이 가장 작은이들 가운데 한 사람에게 해 주지 않은 것이 바로 나에게 해 주지 않은 것이다."(마태오 25,45)

성전정화의 조건

어느 날 예수님은 예루살렘 성전에서 어마어마한 일을 벌이신
다. 채찍을 휘두르며 상인들을 쫓아내시고, 환전상의 상을 뒤엎으
신다.(요한 2,13-22)

당시 예루살렘 성전에서 모든 유대인들은 일 년에 한 번씩 제사
를 지냈다. 성전은 예배를 드리는 거룩한 곳이었으며 하느님을 만
나는 장소였다. 그런데 이 성스러운 곳이 부패하여 장사하는 소굴
로 변질되었다.

이에 예수님은 크게 분노하셨다. 단순히 화가 나서 성을 내신 것이 아니라 하느님 아버지를 사랑하는 열정에서 나온, 하느님을 위한 '거룩한 분노'였다. 시편은 이렇게 전하고 있다.

"당신 집에 대한 열정으로 저를 집어삼킬 것입니다."(69,10)

예수님은 하느님의 사랑에 대한 열정이 있었기 때문에 성전을 정화하실 수 있었고, 결국 당신 몸을 내놓으셨다. 정화된 성전은 사흘 만에 부활하신 예수님의 몸이 되었다.

이제 우리는 예수님을 모시는 우리의 마음도 성전이 된다는 사실을 알아야 한다. 그런데 각자 마음속에 있는 성전도 더러워지거나 썩고 부패해질 때가 있다. 우리 마음을 들여다보자. 무엇이 들어 있을까? 하느님이 계신가, 아니면 하느님이 아닌 다른 것들로 가득 차 있는가? 미움과 증오, 교만과 탐욕, 거짓과 위선 같은 것으로 가득 차 있지는 않은가? 만약 그렇다면 우리는 스스로를 정화해야 한다. 그러기 위해서는 예수님과 같은 열정이 있어야 한다.

열정은 영어로 'passion'이라고 한다. 그런데 이 단어는 '수난'이라는 뜻도 함께 가지고 있다. 예수님의 수난과 죽음을 다룬 영화 〈The Passion of Christ〉(2004)의 passion도 '수난'이라는 뜻이다.

열정과 수난을 뜻하는 단어가 동일하다는 것은, 열정과 수난이 곧 동일선상에 존재한다는 것이다. 열정이 있는 곳에는 반드시 수난이 동반하기 마련이다.

남아프리카공화국 최초 흑인대통령 넬슨 만델라는 인종차별에 저항하는데 평생을 바쳤다. 그는 인권분리정책 반대운동으로 1964년에 종신형을 선고받고 교도소에 수감되었다. 27년이라는 세월을 감옥에서 보내고 석방이 된 후에 노벨평화상을 수상했고, 1994년에 대통령으로 당선되는 성과를 이뤄냈다. 흑인도 백인과 같은 평등권을 누릴 수 있도록 평생을 헌신 하였다. 온갖 고통과 위협을 무릅쓰고 투쟁한 만델라의 열정이 없었다면, 남아프리카공화국은 지금도 인종차별의 억압 아래 있었을 것이다.

무슨 일을 이루려면 반드시 열정이 있어야 한다. 열정적인 사람만이 목적을 성취할 수 있다. 그것은 사목자나 봉사자도 마찬가지다. 내일 모레면 환갑이 되는 나이에도, 나는 사목에 대한 열정을 불태우고 있다. 내가 수고한 만큼 신자들이 즐겁고 기쁘게 신앙생활을 할 수 있다고 믿기 때문이다. 봉사자들도 마찬가지다. 마지못해 억지로 하기보다는 몸과 마음을 다 쏟아 부었을 때 참된 보람을 느낄 수 있다. 하느님을 사랑하는 일도 그렇다. 복음서는 하느님을 어떻게 사랑해야 하는가에 대해 다음과 같이 전한다.

"너는 마음을 다하고 목숨을 다하고 정신을 다하고 힘을 다하여 주 너의 하느님을 사랑해야 한다."(마르 12,30)

우리가 믿는 예수님도 살아계실 때 하느님 나라를 선포하는 일에 당신의 열정을 불태우셨다. 그 열정으로 죽음을 이겨내고 마침내 부활하셨다. 우리가 그 열정을 본받아 신앙생활을 하는 것이 바로 내 몸과 마음을 회개하고 정화하는 조건 임을 알아야 할 것이다.

경청의 기적

　사회에서는 여러 가지 기준을 두고 사람을 평가한다. 외모나 학교성적, 영어능력, 컴퓨터 기술 등 그 잣대도 참 다양하다. 그러나 실제로 가장 높은 평가를 받는 것은 "커뮤니케이션 능력"이다. 아무리 전문지식이 해박해도 그것을 상대방에게 쉽게 전달하지 못한다면 죽은 지식이나 다름없기 때문이다.

　그런데 이러한 커뮤니케이션 기술을 향상시키기에 앞서 반드시 선행되어야 하는 것이 있다. 바로 경청하는 습관을 갖는 것이다. 남의 말에 귀를 기울이는 경청의 태도가 먼저 따르지 않는다면, 커뮤니케이션을 제대로 할 수 없다.

대화의 기술에는 "1,2,3 원칙"이 있다. 1분 동안 말을 하고, 2분 동안 들어주며, 최소한 3번의 맞장구를 치라는 의미이다. 말하는 것보다 듣는 것이 중요하기 때문이다. 유대인들의 삶의 지혜를 담은 책 '탈무드'에서도 '잘 듣는 일'이 얼마나 중요한가를 말하는 대목이 있다.

"사람의 얼굴에 귀가 두 개고, 입이 하나인 이유는 말하는 것보다 듣는 것을 두 배로 많이 하라는 뜻이다."

'사람들은 자신의 이야기를 들어줄 사람이 없기 때문에 정신과 의사를 찾아간다.'는 말이 있듯이 경청은 소통의 한 방법이다. 대화를 통해 자신을 표현하는 소통욕구는 인간의 본능이다. 그런데 타인이 나의 이야기를 들어주지 않을 때 우리는 소외감을 느끼게 되고, 소통욕구를 해소할 수 없게 된다. 그래서 마음의 병에 걸리기 쉬운 것이다.

우리 사회에서 소통불능의 문제는 오래전부터 꾸준히 제기되어 왔다. 이는 소설이나 드라마의 주제로도 여전히 자주 등장하는 것을 보아 생각보다 골이 깊은 문제다. 가정에서도, 학교에서도, 직장에서도 사람과 사람 사이가 단절되어 있다. 한 지붕 밑에 사는 가족끼리도 서로가 서로에 대해 충분히 알고 있다고 말할 수 있는가? 교회 안에서도 마찬가지다. 내 주장을 말하고, 내 의견을 관철시키는 것에 바쁜 나머지 우리는 상대방의 말을 흘려듣기 쉽다. 결국 대립과 갈등이 생겨나고 분노와 적대감이 싹튼다. 말이 막히면 불통이 되고, 불통이 되면 울화통이 터진다고 한다. 말을 알아듣지 못하면 말을 제대로 할 수 없게 된다. 그래서 소통을 위해 가장 먼저 해야 할 일이 경청이다.

남의 말에 귀를 기울이다보면 그 사람이 어떤 사람인지 보인다. 그렇다면, 하느님을 알고 싶을 때는 어떻게 해야 할까? 그렇다. 그분의 말씀을 듣는 것이 가장 좋은 방법이다. 유대인들은 오래전부터 가장 기본적인 기도로 '쉐마 이스라엘'을 바쳤다. 쉐마 이스라엘이란 '이스라엘아, 들어라.'라는 뜻이다. 모든 이는 하느님 말씀을 들을 때 귀를 기울여 경청해야 한다는 사실을 일깨워 준다. 마음을 다하고, 생명을 다하고, 생각을 다해 경청할 때 우리는 조금씩 하느님을 알아갈 수 있다.

사도 바오로도 로마서 10장에서 이렇게 말한다.
"믿음은 들음에서 오고 들음은 그리스도의 말씀으로 이루어집니다."(10,17)
우리의 믿음은 하느님 말씀을 듣는데서 시작된다. 듣는 것이 믿음의 시작이며 출발이다.

성경에서 예수님은 "에파타."라고 말씀 하시면서 귀먹은 말더듬이를 치유해 주신다. '에파타'는 '열려라.'라는 뜻이다. 그리고 말더듬이의 귀를 만져주시고 혀에 손을 올려놓으신다. 그가 겪어왔던 아픔과 고통에 공감하고 위로해 주시는 것이다. 이에 기적적으로 치유된 그는 소리를 들을 수 있게 되고, 말을 할 수 있게 된다.

우리는 멀쩡한 귀와 입을 갖고 태어났으면서도 귀머거리로, 말더듬이로 살아가고 있지는 않은가? 단순히 소리를 듣고 눈만 뜨고 있다고 해서 우리가 잘 듣고 잘 보는 이라고 할 수 있는가? 예수님 말씀을 받아들이지 못한다면 우리는 귀머거리와 다를 바 없다. 도움의 요청에 귀를 막고 이웃에게 무관심할 때도 우리는 귀머거리다. 복음의 말을 전할 수 없을 때에도 그렇다. 우리는 예수님의 이름을 욕되게 하는 말 벙어리다. 언제까지 영적인 귀머거리로 살아갈 것인가?

예수님이 귀머거리에게 하신 그 치유의 말씀을 우리 각자에게도 해 주시기를, 그리하여 우리 영적 불구의 상태를 치유해 주시기를 기도하자.

"에파타, 열려라!"(마르 7,34)

주님, 복음을 향하여 우리 이웃을 향하여 우리의 귀와 입, 눈과 마음을 열어주소서! 아멘.

chapter 2.

행복한 사람

"행복하여라, 마음이 가난한 사람들!
하늘나라가 그들의 것이다."
(마태오5,3)

예수님과 냉이된장국

　어제 오늘 약간의 눈비가 온 탓에 날씨가 쌀쌀하다. 동장군이 봄을 시샘하는 듯하다. 학생들이 학교에 입학하는 시기에는 늘 날씨가 유난히 춥고 쌀쌀하다. 그래도 땅에서 움트려고 하는 풀과, 새순을 머금은 나무를 보면 봄의 문턱에 다가와 있음을 느낀다. 무엇보다 봄내음을 물씬 느끼게 해 주는 것은 냉이된장국이 아닐까 생각한다.

　어느 작가는 냉잇국을 먹으면 몸속으로 봄의 흙냄새가 자욱하게 퍼지고 혈관을 따라 마음의 응달에도 봄풀이 돋는 것 같다고 표현한 바 있다. 이 얼마나 멋진 표현인가! 그는 된장 국물과 냉이 건더기와 인간이 삼각 치정관계를 이룬다며 다소 생뚱맞은 이야기를 늘어놓기도 한다. 그런데 곰곰히 생각해 보면 작가의 기막힌 관찰력을 엿볼 수 있다. 여기서 치정관계라는 표현을 사용했는데, 그 말은 사랑에 눈이 먼 어리석은 사랑이다. A라는 여자 때문에 B와 C라는 남자들 사이에 살인까지 일어나기도 한다. 그런데 이 작가가 말하는 된장 국물과 냉이 건더기, 그리고 인간 사이의 삼각관계는 어느 한쪽이 다른 두 쪽을 끌어안는 구도의 치정이다. 즉, 인간이 된장 국물과 냉이를 먹을 때 몸속에서 다 하나가 되는 것이다. 그래서 그 치정은 평화로울 수 있다.

계속 작가의 상상력을 관찰해 보라. 냉이 된장국이 냄비 속에서 끓여지는 동안 냉이는 된장의 흡인력에 끌려 들어가게 된다. 처음에는 냉이도 저항을 했을 것이다. 자신이 땅에서 자라면서 소유하게 된 비밀이 있었을 것이다. 이를테면 자기 몸 깊이 숨겨놓은 봄의 흙냄새, 황토 속으로 스미는 햇빛의 냄새, 싹터 오르는 풋것의 비린내 같은 것들이다. 그런데 결국 냉이는 냄비 속 된장 국물에 이런 것들을 다 풀어 내놓음으로써 결국 평화를 이룬다. 그래서 된장도 냉이도 서로 혼합되고 하나가 되어 냉이된장국이라는 새로운 존재로 재탄생한다. 인간은 그 냉이된장국을 먹으면서 봄을 느끼고 기운을 차리며 생명을 성장시키게 되는 것이다. 냉이는 자신이 가진 독특한 냄새를 내어놓고, 된장은 자신을 풀어냈을 때 비로소 새로운 존재, 새로운 모습의 냉이된장국이 탄생되는 것이다. 이것이 바로 인간의 생명을 풍요롭게 해 주는 역할을 한다.

마르코 복음에서는 예수님이 앞으로 겪게 될 당신의 수난과, 죽음을 예고하는 과정에서 당신의 영광스런 모습을 제자들에게 보여 주신다.(9,2-9) 예수님은 하느님의 아드님이셨지만 냉이처럼 당신 자신을 아낌없이 내어주시고, 희생하셨다. 그렇게 우리 모두에게 구원을 가져다 주셨다. 그래서 예수님을 굳게 믿는 신앙이 있다면, 자신의 아들을 제물로 바치라는 하느님의 명령에 따랐던 아브라함과 같은 굳은 믿음이 있다면, 우리 역시 그분처럼 나 자신을 이웃을 위해 내어놓아야 하는 것이다. 그 희생의 길, 십자가의 길만이 예수님과 함께 부활의 영광을 누릴 수 있는 길이다. 봄을 맞이하여 냉이된장국을 끓여, 그 맛을 음미해 보는 것이 어떨까?

영혼을 치유 받은 나병환자

삶에서 가장 중요하고, 기본적인 자세는 감사다. 복음서에는 나병환자들이 예수님에게 치유 받는 장면이 여러 번 나온다. 예수님 시대에 나병환자는 사회적으로 소외되어 인간대접을 받지 못한 사람들, 하느님께 벌 받은 죄인에 불과하다.

영화 '벤허'(1959)를 보면, 버려진 동굴에서 나병환자들끼리 모여 살아가는 장면이 나온다. 사회적으로 격리되고 소외된 채 비참하고 고통스럽게 사는 운명에 처해 있다. 이 나병환자들 중에 몇 사람은 예수님에 관한 소문을 듣고 마지막 희망을 갖는다. 기적을 행하시는 분, 죽은 자도 살리고, 마귀도 쫓아내고, 병자도 낫게 하는 기적을 베푸시는 분에게 기대를 건다. 시대와 국가를 막론하고 중병에 걸린 이들은 삶이 간절할 수밖에 없다. 물에 빠진 사람이 지푸라기 잡는 심정으로 열 명의 나병환자는 예수님 앞에 무릎을 꿇고 "저희에게 자비를 베풀어 주십시오."(루카 17,13) 하며 병을 낫게 해 달라고 애원한다. 예수님께서는 그들을 가엾게 보시고 사제에게 가서 몸을 보이라고 하신다. 사제에게 달려가는 사이에 나병환자 모두 병이 감쪽같이 낫는다. 그 몹쓸 병이 깨끗이 나았으니 얼마나 기쁘겠는가? 그런데, 문제는 치유의 은혜를 받고 난 후 나병환자들의 태도다. 치유 받은 열 명 중 단 한 사람만 예수님께 찾아와 감사의 표시를 한다. 그렇다면 나머지 아홉 명은 어떻게 되었는지 예수님은 물으신다.

진정한 치유는 육체만이 아니라 마음과 영혼의 치유까지도 포함한다. 예수님은 감사를 표시한 사마리아 사람에게 "네 믿음이 너를 구원하였다."(17,19)고 선언하신다. 나병환자 중 아홉 명은 비록 육체적 질병의 치유는 받았지만 완전한 치유를 받지 못했다.

우리는 늘 하느님과 이웃에게 필요한 도움을 받으며 살아간다. 이 세상은 내 힘만으로 사는 것이 아니다. 주위 사람들이 알게 모르게 베푸는 도움으로 살고 , 근본적으로는 하느님께서 우리가 필요한 은총을 늘 베풀어 주신다. 그러나 우리는 자주 그러한 사실을 잊고 산다. 내가 받은 것에 대해서는 다 잊어버리고, 내가 남에게 해 준 것에 대해서는 잊지 않고 반드시 돌려받으려는 이해타산적 태도를 지니고 있다. 내가 도움을 준 사람이 내게 소홀히 할 때 우리는 쉽게 원망하고 성을 낸다.

배운 것이 별로 없는 농부가 옆집 사람을 식사에 초대했다. 옆집 사람은 배운 사람이었지만, 하느님의 존재를 좀처럼 믿으려 하지 않았다. 식사 전에 농부는 평소와 마찬가지로 기도를 하자고 했다. 그랬더니 옆집 사람은 농담조로, "그것은 19세기 인간들의 낡은 유물이니까 내버리는 것이 어떠냐?"고 응수했다. 농부는 하는 수 없이 혼자 기도한 다음, "우리 집에도 당신 같은 식구가 하나 있습니다."고 말했다. 그러니까 그 옆집 사람은 "그것 참 다행이군요. 내 동료가 있어 기쁩니다. 누군가요? 대학에 다니는 자제분인가요?" 하고 묻자 농부가 대답했다.
"아니오, 우리 집 돼지들이지요."

감사할 줄 모르는 사람은 더 이상 인간이 아니다. 사실 현대인의 마음에는 감사함이 메마르기 쉽고, 모든 것을 자신의 힘으로 이룬 것처럼 교만하기 쉽다.
감사함을 표시하며 사는 것은 삶의 지혜다. 감사함을 느낄 때 자신이 어떤 처지에 있든지 원망하거나 불평하지 않는다. 감사하며 사는 사람은 참으로 성숙한 사람이다. 모든 일에 감사한다면 기쁘게 사는 사람이고, 기쁘게 사는 사람은 행복한 사람이다. 감사는 그래서 행복과 직결된다.

　행복하게 살고 싶은가? 그러려면 늘 어떤 처지에서도, 기쁠 때나 고통스러울 때에도 언제나 감사하는 마음을 가지고 살아야 한다.

죽음을 생각하는 삶

　매년 11월 2일 위령의 날을 맞아 묘지를 찾는다. 연도를 바치며 무덤 속에 누워 있는 수많은 이들을 생각한다. 그러자 그들의 목소리가 들려오는 듯하다.

　"오늘은 나, 내일은 너."

　사실 우리는 이렇게 살아있지만 언제 죽을지 알 수 없다. 우리는 죽을 수밖에 없는 존재이기 때문이다. 이것이 우리들의 한계상황이다. 누구나 이 세상에 빈손으로 왔다가 다시 빈손으로 돌아간다.

죽음을 생각한다는 것, 별로 기분이 좋은 일은 아니다. 그러나 죽음을 생각하지 않고 산다는 것은 의미 없이 산다는 것과 같다. 많은 이들이 자신은 언제까지나 죽지 않을 것처럼 행세하며 살아간다. 죽음을 자기 자신과는 무관한 일이라고 생각한다. 그러나 죽음은 과일 속의 씨앗과 같이 우리 삶 속에 깊이 파고들어 있다.

'메멘토 모리(Memento Mori)' "네가 죽는다는 사실을 기억하라."는 말이다. 2,000년 전 로마에서 박해받던 초기 그리스도교인의 인사말이다. 자고 나면 옆에 있던 신자가 끌려가서 처참한 죽음을 당했기 때문이다. 오래된 교회 격언이지만 현재와 미래에도 누구라도 죽음을 기억해야 한다는 사실에는 변함없다. 죽음을 기억하는 것은 인생의 유한성을 깨닫고 지상의 순례자로 살기 위함이다. 마치 영원히 죽지 않을 듯이 이 세상 것에 집착하고 이기적이고 교만하게 사는 삶에 대한 경고다. 그러나 죽음을 기억하는 것은 삶의 포기나 비관적 사고와 태도가 아니라 적극적인 삶에 투신과 몰입을 의미한다. 즉, 죽음을 기억하는 사람은 하루하루 충실한 삶을 살아가는 존재가 된다. '카르페 디엠(Carpe Diem)' 즉, '현재를 즐기라'는 명언을 실천하는 사람이다. 인생에 가장 중요한 때는 바로 '지금'이기 때문이다.

잘 살기 위해서는 매일 죽음을 준비해야 한다. 주변을 둘러보면 죽음을 맞이하고 있는 사람들이 많다. 한국에는 특히 암환자가 많다. 다섯 명 중 한 명은 암으로 죽는다고 한다.

우리 모두는 죽음을 너무 멀리 생각하는 경향이 있다. 옛날에는 집에서 가족, 친척, 지인들에게 둘러싸여 임종을 맞이했다. 그런데 요즘은 거의 병원에서 임종하고 영안실에 안치된다. 집과 따로 떨어진 병원에서, 사랑하는 이들과 격리된 상태에 있다가 임종을 맞이한다. 이 또한 비인간화의 한 단면이 아닐 수 없다. 임종하는 이들을 위한 따뜻한 배려가 있어야 한다. 그들을 배려하기 위해서 그들의 심정을 간접적으로나마 체험해 보는 것이 도움이 될 것이다.

죽음을 받아들이는 과정은 다섯 단계로 나눌 수 있다.
첫째는 부정과 고립이다. 죽음을 선고받은 직후 반응이다. 자신에게 죽음이 임박했다는 사실을 받아들이기 어려워 여러 병원을 돌아다니며 재차 확인한다.
두 번째 단계에서 환자는 반항과 분노를 표출한다. 가족이나 의료진, 방문자들에게, 그리고 하느님께 분노한다. 부제 시절 성모병원 산재병동으로 임상실습을 나간 적이 있는데, 당시 어떤 환자가 죽음을 선고받고 난동을 피우며 십자가를 내동댕이쳤다. 하느님께 반항하던 그는 비참하게 죽음을 맞았다.
셋째 단계에서는 타협을 시도한다. 단 몇 년이라도, 단 몇 개월이라도 살 수 있기를 간절히 바란다. 누군가의 생명에 도움이 되도록 장기를 기증하거나 재산을 기부함으로써 조금이라도 자신의 생명이 연장될 수 있기를 바란다.

넷째 단계는 우울증의 단계다. 가족에 대한 걱정이 밀려오기도 하고, 인생의 모든 계획이 수포로 돌아갔다는 생각에 눈물을 흘린다.

그리고 마지막 단계가 수용이다. 이 단계에서 환자는 비로소 평화를 누린다. 혼자 있고 싶어 하고 바깥세상의 소식을 들으려고 하지 않는다. 그저 누군가 가만히 앉아 자신의 손을 잡아주기만을 바란다.

물론 이 다섯 단계가 순서대로 진행되는 것은 아니다. 사람에 따라서 다섯이 아닌 셋이나 두 단계로 진행될 수도 있다. 집안에, 혹은 이웃에 이러한 환자들이 있다면 그들의 정신적 상태를 이해하고 도와줄 수 있어야 하겠다.

우리 모두에게 주어진 한계상황인 죽음은 여러 가지로 경험된다. 실패와 좌절, 고통과 시련이라는 죽음의 작은 조각들 뿐만 아니라 육체적 죽음으로 삶을 마감하는 죽음도 있다.
어떠한 죽음도 예수님의 죽음과 부활에 참여하여 새로운 삶, 영원한 삶을 지향할 때 가치있는 것이다.

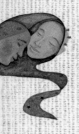

아버지의 유언

옛날 어느 집에 농부와 아내, 농부의 아버지가 함께 살고 있었다. 아버지가 어느 날 병으로 임종하게 되었는데, 무언가 유언을 남겼다. 그러나 그 소리가 잘 들리지 않아 농부는 마지막 한 말씀만 겨우 들을 수 있었다.

"…껄."

장례를 치른 뒤에도 아들의 귀에는 그 말씀이 맴돌았다. 어느 날 아내가 장에 가서 쌀, 소금, 참기름 등 식료품을 사오라고 해서 장을 봐왔는데, 아뿔싸 소금을 잊고 깜빡했던 것이다. 농부는 후회했다.

"이럴 줄 알았으면 종이에 써 가지고 갈 껄."

이렇게 말하던 중 농부는 갑자기 돌아가신 아버지의 유언이 무엇인지 깨달았다. 아버지는 "…하지 말껄.", "…할 껄." 하면서 후회하지 말라는 말씀을 하셨던 것이다. 아들은 그 이후 비로소 아버지의 유언을 지킬 수 있었다. 후회하지 않는 삶을 살았던 것이다.

정미연, 〈평화〉

진정한 아버지

시대가 변하면서 모든 아버지들이 위기를 겪고 있다. 가족을 위해 돈벌이 기계처럼 일해 왔지만 가족에게 왕따 당하는 아버지들이 있다. 또한 그 위기에서 벗어나는 대안을 보여주는 〈아빠, 어디가〉와 같은 TV프로그램이 인기를 끈다. 이 땅의 아버지 혹은 아빠의 이상적 위상은 무엇일까?

성경에서 요셉 성인은 이상적인 아버지상을 보여 준다. 그는 마리아의 남편이고, 예수님의 양아버지이며, 나자렛 성가정의 가장이다. 그는 다윗가문의 후손이고, 직업이 목수이며, 율법을 충실히 지키면서 법대로 살았기 때문에 의인으로 알려진 인물이다. 그런데, 그에게 뜻하지 않은 사건이 벌어진다.

당시 요셉은 마리아와 약혼한 사이고, 이제 얼마 후면 마리아를 아내로 맞아들여 행복한 결혼생활을 꿈꾸고 있던 참이다. 그런데 요셉은 마리아가 자기와 결혼하기도 전에 잉태했다는 사실을 알고 매우 난처한 입장에 처한다. 마태오복음(1,18-25)은 요셉이 고민하는 모습을 자세히 묘사한다. 당시 율법에 따르면, 혼전에 아기를 가진 처녀는 모세 법에 따라 돌로 쳐 죽이는 징벌을 받아야 한다. 그런데 요셉은 마리아를 사랑한 나머지 그 일을 도저히 세상에 드러낼 수 없어서 남몰래 파혼하기도 마음먹는다. 요셉이 이런 생각을 하고 있을 무렵에 주님의 천사가 꿈에 나타나 요셉을 안심시킨다.

"다윗의 자손 요셉아, 두려워 말고 마리아를 아내로 맞아 들여라. 그 몸에 잉태된 아기는 성령으로 말미암은 것이다. 마리아가 아들을 낳으리니 그 이름을 예수라고 하여라."(1,20-21)

이 말을 들은 요셉은 천사가 일러준 대로 조용히 순종하여 마리아를 아내로 맞아들인다. 물론 성경은 천사가 전하는 하느님의 말씀에 쉽게 순명하는 요셉을 묘사하고 있지만, 사실 요셉은 천사의 말을 듣고 무척 고민했을 것이다. 잘못 받아들여 인생을 망치는 게 아닐지, 마리아는 어떻게 될지, 머릿속이 복잡했을 것이다. 이러한 사태를 수습하는 제일 좋은 방법, 가장 합리적이고 이성적인 방법은 파혼이라는 생각도 했을 것이다.

그렇지만 이러한 지극히 인간다운 요셉의 판단은 하느님의 판단과는 크게 다르다. 천사가 전하는 하느님의 말씀은 파혼이 아니라 오히려 적극적으로 마리아를 수용하는 것이다. 인간적인 차원에서는 이해하기 힘들고 받아들이기 어려운 하느님의 요구다. 그러나 요셉은 그 하느님의 뜻을 용기 있게 받아들인다. 그리하여 요셉은 하느님의 구원계획에 동참한다.

이렇듯 하느님의 뜻이란 우리 인간의 생각과는 달리 이루어진다. 인간적인 생각이 아무리 합리적이고 논리적이라 해도 신앙생활은 더 높은 차원에서 이루어진다. 하느님의 뜻을 받아들인 요셉은 마리아의 남편이고 예수님의 아버지가 된다. 가정에 책임을 진 가장으로 여러 가지 역경을 헤쳐 가며 참된 아버지상을 보여 준다. 목수의 직업을 가지고 가족의 생계를 꾸리며, 가족에게 위협이 다가올 때는 가족을 이집트로 피신시킨다. 아들 예수님이 없어졌을 때 아들을 찾아 성전을 헤매기도 했던 아버지의 모습. 가족을 지키는 듬직한 아버지상이다.

우리나라에서 전통적인 아버지상은 가족을 돌보고 부양하는 책임과 권위의 상징이다. 그러나 요즘의 아버지상은 많이 달라지고 있다. 과거 IMF 국제금융체제라는 경제난을 겪으면서 많은 아버지들이 실직 당했다. 부양능력이 없는 가장은 아버지의 권위조차 지킬 수 없는 험한 세상을 만났다. 아내에게 구박받고 자식에게 푸대접받는 가장은 이제 설 자리를 잃고 있다. 그러다보니 이 땅의 많은 남성들이 고개 숙인 남자들이 되고 있다. 남성들의 위기상황이 계속될수록 많은 가정들이 붕괴의 위협을 받는다. 얼마 전에 한 비정한 아버지의 사건을 다룬 뉴스 보도가 기억난다. 생활고를 비관해 오다가 8세와 4세짜리 두 아들을 죽인 것이다. 자신도 자살하려다가 미수에 그친 사건이다. 경제적 난관에 부딪혀 살 길이 막막했다고는 하지만 죽음으로 모든 것을 해결하려는 태도는 크게 잘못된 것이 아닐까?

　　그러나 이렇게 비정한 아버지만 있는 것은 아니다. 힘든 상황에서도 가정을 지키려는 아버지도 있다. TV에서 11세짜리 아들을 둔 아버지의 사연이 소개된 적이 있었다. 아들은 간과 뇌가 죽어가고 있었고, 특히 간경화가 많이 진행된 상태였다. 복수까지 물이 차서 간이식을 받지 않으면 생명이 위태로웠다. 그런 아들을 보다 못한 아버지는 자신의 간을 이식해 주기로 했다. 그러나 아버지의 간은 술과 담배로 상태가 좋지 않아 이식 수술을 진행하기 어려웠다. 의

사는 술과 담배를 끊고 운동을 하라는 권유를 했다. 아버지는 의사의 말대로 한 달간 술과 담배를 모두 끊었으며 하루도 거르지 않고 운동을 했다. 그 결과 자신의 간 500g을 이식해 줄 수 있었고 현재 아들이 소생하기를 기다리고 있다는 사연이었다.

요셉 성인이 나자렛 성가정을 꾸려 가셨던 그 모범적인 아버지상을 오늘날 아버지들은 본받으면 좋겠다. 가족과 함께 대화하고, 한 사람 한 사람에게 관심을 가지고, 어려움이 닥쳤을 때 가족과 함께 고민을 해결하는 그러한 가장의 모습을 기대해 본다.

소통하는 가정

　이 시대의 큰 고민거리 중에 하나는 사회의 기본 단위인 가정이 흔들리고 있다는 것이다. 가정을 위기로 몰아가는 원인 중 하나는 급증하는 이혼율이다. 결혼한 세 쌍 중 한 쌍이 이혼을 하고 있어서, 한 해 이혼하는 부부가 12만 쌍이나 된다고 한다. 결혼할 때에 '검은머리가 파뿌리 되도록' 백년해로 한다던 맹세는 이제 한물간 구호가 되어 버렸다.

"나는 당신을 내 남편, 내 아내로 맞아들여, 즐거울 때나 괴로울 때나, 성하거나 병들거나, 일생 당신을 사랑하고 존경하며 신의를 지키기로 약속합니다."

혼인할 때 이렇게 살겠다고 찰떡같이 약속하고는 어느 새 치매에 걸린 사람처럼 그 약속을 새까맣게 잊어버린다. 결혼하기 전에는 식사할 때 "많이 드세요." 하더니 결혼하고 나서는 "많이도 처먹네." 이런 식이다. 부부관계가 완만하지 않을 때 이혼과 같은 가족해체 현상이 일어난다. 가족 해체는 결국 아동의 유기, 노인 부양의 공백, 청소년 비행, 학교폭력의 증가 등 사회불안을 일으키는 결과를 초래한다.

프란치스코 교황님은 현재 가정의 위기의 중심에 '사랑의 결핍'이 있다고 지적한다. 부부간에 사랑으로 하나가 되어 살아가는 게 부부생활인데, 사랑 없이 살아가는 문제 부부가 참 많다. 요즘 술자리에서 하는 건배사 중에 '해당화!'라는 구호가 있다. '해가 갈수록 당당하고 화려하게 살자'라는 뜻이다. 그러나 집에 오면 '해당화'의 뜻은 바뀐다. '해가 갈수록 당신만 보면 회가 난다.' 나이를 먹어가면서 부부관계가 이렇게 변한다면 문제가 심각해질 것이다.

얼마 전 가톨릭독서콘서트에 유안진(클라라) 시인이 청중에게 질문을 하였다.

"인류 최초의 시인은 누구일까요?"

답은 '아담'이었다. 창세기에 아담은 하와를 처음 보는 순간, "이 야말로 내 뼈에서 나온 뼈요, 내 살에서 나온 살이로구나!(2,23)" 하며 매우 감격에 찬 표현을 하였다. 유안진 시인은 아담이 말한 것, 자신이 느낀 것을 솔직하게 말한 것이 곧 시라고 했다. 인류 최초의 시인 아담은 하와를 만나 이제 둘이 아니라 사랑 안에 한 몸이 되었다. 그러나 어느날 뱀이 와서 유혹하여 선악과를 따먹고 난 후에 하느님께 죄를 짓고 나서 아담은 하와에게 책임을 전가한 다. 부부간에 분열되고 단절된, 전형적인 모습이다. 부부로 살다 보면 부부싸움도 있겠고, 마음이 맞지 않아 서로 등을 돌리는 일 도 있을 것이다. 이런 말이 있다.

"부부는 100점과 100점이 만나는 것이 아니라 40점과 60점이 만나 100점을 향해 가는 것이다."

어느 익명의 저자가 쓴 〈부부는 이래야 한데요〉 글의 일부를 소 개한다.

부부는 무촌이래요. 너무 가까워 촌수로 헤아릴 수 없대요. 한 몸이니까요. 그런데 또 반대래요. 등 돌리면 남이래요. 그래서 촌 수가 없대요. 이 지구상에 60억이 살고 있는데 그 중의 단 한사람 이래요. 세상에서 가장 소중한, 이 세상에 둘도 없는 나에게 가장

귀한 사람이래요.

부부는 닮아간대요. 같이 늘 바라보니 닮아간대요. 그래서 결국 까만 머리카락이 하얗게 된대요. 그래서 서로서로 염색해주면서 부부는 늘 아쉬워한대요.

이 세상 떠날 때 혼자 남을 반쪽을 보며 아쉬워한대요. 같이 가지 못해 아쉬워한대요. 요르단 강 같이 건너지 못해서 아쉬워한대요. 그래서 부부는 늘 감사한대요.

성가정이 되기 위해서는 반드시 부모가 신앙생활에 자녀의 거울이 되어주어야 한다. 가장 우선적으로 모든 부모는 자녀들의 '영성 지도자(spiritual director)'로 부르심을 받았다는 사실이다. 부모가 된다는 것은 자녀 영혼의 영성을 형성해주고 영적 여정에 동행하면서, 온전한 길로 인도하며 방향을 제시해주는 존재다. 따라서 본질적으로 모든 부모는 영성 지도자의 위치와 역학을 부여받았고 그 역할을 수행해야 한다. 부모가 평상시 기도하고, 어려운 이웃에게 자선을 행하고 봉사할 때 자녀는 자연스레 부모를 닮아가고 따르게 되어있다.

어느 동시인의 '시계소리'를 들어보자.

시계 소리

친구들이 부르는 낮엔
공부하라고

"책, 책, 책…."

형이랑 장난치는 밤엔
일찍 자라고

"자락, 자락, 자락…."

아직도 멀었어도
학교 가라고
아침마다,

"지각, 지각, 지각…."

엄마랑 시계랑
둘이 약속했나 보다.

늘 공부하라고, 일찍 자라고, 빨리 일어나라고 자녀를 이끄는 엄마가 자녀의 머릿속에 이미 각인되어 있다. 그러다보니 시계소리조차 엄마의 목소리로 들렸던 모양이다. 신앙도 마찬가지다. 부모의 목소리, 부모의 신앙이 자연스레 자녀에게도 각인된다는 것을 깨달아야 한다.

프란치스코 교황님은 2015년 홍보주일 담화문에서 가정은 소통을 배우는 첫 번째 자리라고 강조한다.

가정 안에서 가족끼리 늘 곁에 있다는 것이 얼마나 소중하고 서로 힘이 되어주는 지 깨닫게 해주고, 서로 눈빛만 봐도 알고, 말하지 않아도 이해하는 능력을 키울 수 있는 곳, 다시 말해서 다양한 소통이 이루어지면서 올바른 소통을 배우는 곳이 가정이라는 것이다.

그러나 세상에는 완벽한 가정은 없다. 저마다 상처가 있고, 한계가 있다. 가족끼리 서로 미워하고 증오하고, 서로 싸우며, 서로의 신뢰가 무너지면서 분열과 단절을 체험하는 지옥 같은 때도 있다. 그러나 가족끼리 서로 뉘우치고 용서해주면서 끊어진 소통을 회복시켜 가정이 소통의 축복임을 깨닫게 해주는 학교가 되어주기도 한다.

그런데 오늘날 가정은 텔레비전, 인터넷, 스마트폰, 소셜 미디어 등 현대 미디어에 영향을 많이 받고 있어서, 가족 간 소통을 돕기도 하지만 동시에 방해를 주기도 한다. 예를 들어, 텔레비전에서 방영되는 막장 드라마는 모든 가정에 죽음의 문화를 만연시킨다. 물론 가족 간 서로 위로하고 돕는 따뜻한 모습을 보이는 경우도 있지만 많은 경우에 서로 싸우고 증오하고 복수하고, 또한 매우 선정적인 장면들은 가정성화에 도움이 되지 않는다. 현대 미디어가 가족 간 소통을 단절시키는 부정적인 역할보다 소통을 촉진하고 거룩한 가정이 되게 하는 수단이 되어야 한다.

성가정이 되기 위해서 가장 먼저 해야 할 일은 하느님과의 가장 근본적인 소통인 기도를 하는 가정이 되어야 한다. 기도하는 가정이 될 때 부부 간, 부모와 자녀 간 소통이 제대로 이루어지고 사랑의 관계가 회복되며 이웃과의 개방된 나눔의 관계로 발전하여 그리스도의 사랑을 증거하는 성가정이 된다.

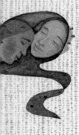

두 사람

이제 두 사람은 비를 맞지 않으리라.
서로가 서로에게 지붕이 되어 줄 테니까.
이제 두 삶은 춥지 않으리라.
서로가 서로에게 따뜻함이 될테니까.
이제 두 사람은 더 이상 외롭지 않으리라.
서로가 서로에게 동행이 될테니까.
이제 두 사람은 두 개의 몸이지만
두 사람의 앞에는 오직 하나의
인생만이 있으리라.
이제 그대들의 집으로 들어가라.
함께 있는 날들 속으로 들어가라.
이 대지 위에서
그대들은 오랫동안 행복하리라.

─아파치족 인디언들의 결혼 축시

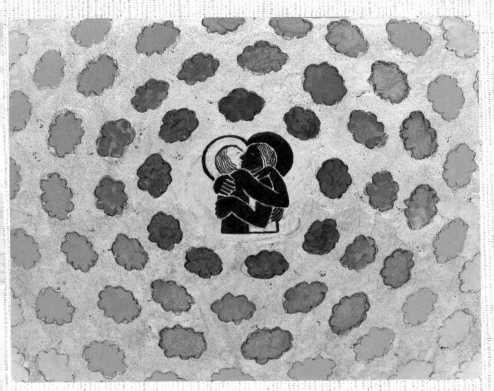

정미연, 〈기쁨〉

행복의 조건

행복에는 세 가지 종류가 있는데, 하나는 고통이 멈췄을 때, 또 하나는 에너지가 넘칠 때, 그리고 마지막 하나는 자신이 가고 있는 길이 하느님의 뜻에 따른다는 것을 알 때라고 한다. 성숙한 신앙인 이라면 세 번째 행복을 추구하는 사람이다. 결국 하느님의 뜻이 무 엇인지 아는 것이 행복의 조건이 된다.

마태오복음(5,1-12)을 보면, 예수님께서는 산을 올라가 당신을 따르는 제자들과 군중에게 산상수훈, 즉 여덟 가지 행복에 관한 이야기를 들려주신다. 행복한 사람은 과연 어떤 사람인가, 어떤 사람이 과연 행복한 사람인지 말씀하신다.

사실 우리 모두는 행복을 추구하며 살고 있다. 정말 행복하게 살고 싶어 한다. 그러나 살다보면 행복보다는 오히려 불행을 더 많이 겪게 된다. 세상살이가 쉬운 일이 아니라서 그런지 가끔 부럽다는 듯이 이렇게 말하는 사람들도 있다.

"신부님은 결혼하지 않기 참 잘하셨습니다. 가족걱정, 자식걱정 없으시니 얼마나 좋으세요?"

"빡빡 바가지 긁는 여우 같은 마누라 없지요."

"자식들이 없으니 무자식 상팔자지요."

그러나 나도 매일 행복하기만 한 것은 아니다. 본당 공동체를 책임지고 운영하려면 여러 가지 결정을 내리는데 어려움이 따르고, 무슨 말이나 행동도 신자들의 입에 오르내린다. 그뿐만 아니라 "잘한다, 잘못한다." 등 여러 가지 말도 듣게 마련이다. 왜 그리 도와달라는 곳은 많은지. 장애인, 공동체, 본당 등…. 매정하게 안 된다고 거절해 놓고서는 돌아서서 내가 너무 박절하게 대했나? 고민할 때도 있다. 그래도 내가 고민하고 걱정하는 것은 신자들이 겪는 것에 비하면 아무 것도 아닐 것이다.

모두들 어렵고 힘든 하루하루 반복되는 생활을 하다 보니 자연히 더 행복해지기를 원한다. 그래서 우리가 살아가는 현대 소비자본주의 사회는 우리가 소망하는 행복을 충족시켜 준다고 늘 유혹한다.

행복이 마치 슈퍼마켓이나 백화점에 가서 물건 사는 것처럼 여겨질 때도 있다. 돈만 있으면 언제든지 행복해질 수 있고, 행복을 소유할 수 있는 것처럼 생각한다. TV나 신문, 잡지 광고도 행복을 상품화해서 선전하고, 행복을 보장해 준다는 약속까지 한다. 남자가 브랜드 맥주를 마시면 여자들이 줄줄 따라오고, 다이어트 식품을 먹으면 살이 쏙 빠져 인생이 달라진다고 유혹한다. 이처럼 이 시대는 행복한 사람에 대해 다음과 같이 규정하고 있다.

첫째, 재물은 행복을 가져다준다.
둘째, 돈으로 안 되는 일은 없다.

돈은 모든 것을 가능케 한다. 그래서 "돈 많은 사람이 행복하다."고 주장한다. 행복의 기준이 소유의 정도에 따라 결정된다. 사람들은 복권을 사고 경마, 주식, 카지노를 해서 대박을 터뜨리려 한다. 돈을 버는 것도 짧은 시간 안에 이루고 싶어 한다. 그러나 대부분은 대박을 터뜨리려다 쪽박을 차는 경우가 많다.

돈 많은 사람은 정말 행복할까? '어느 허망한 복권 인생'에 대한 이야기가 있다. 귀금속 행상이던 남자가 있었다. 그는 삼남매를 둔 성실한 가장이었으며 넉넉하지는 않지만 무난하게 생활을 꾸리고 있었다. 그런데 1984년 7월 어느 날 돼지꿈을 꾸었다는 부인의 말을 들고 구입한 주택복권이 1등에 당첨되었다. 그의 인생에 명암이 교차하기 시작했다. 당첨금으로 건물을 사들여 건물주가 되고 그것을 다시 되팔았다. 그리하여 재산은 배로 늘어났고 돈이 많아진 남자는 다른 여자를 만나기도 하고 씀씀이도 헤퍼졌다. 마침내 부인에게는 생활비도 제대로 주지 않으면서 폭행을 일삼게 되었다. 결국 그는 실형을 선고받고 끝내 가정은 파탄에 이르게 되었다. 돈이 행복이 되지 못하고 오히려 돈으로 불행을 산 꼴이 되고 만 것이다.

구약에 보면 기원전 640년경에 남쪽 유다에서 활약한 스바니야 예언자 이야기가 나온다. 당시 강대국 사이에 끼여 한치 앞도 볼 수 없는 어지러운 시대에 유다인들은 하느님을 멀리하고 자기들의 뜻대로 살아가고 있었다. 이에 스바니아 예언자는 그들을 크게 질타하면서 새로운 삶의 양식을 제시했다. 그것은 다음의 세 가지 요소로 압축된다.

"주님을 찾아라… 의로움을 찾아라… 겸손함을 찾아라."(스바 2,3)

이것이 바로 오늘날에도 우리가 행복하게 살기 위한 세 가지 조건이다. 우선 우리 삶의 근거가 되시는 하느님을 찾는 것, 그리고 항상 올바르고 정직하게 사는 것, 마지막으로 하느님과 이웃 앞에 겸허한 마음을 내보이는 것이다. 이 세 가지를 우리 모두가 겸비하고 실천할 때 이 세상에서 참된 행복을 누리며 살 수 있다.

마태오복음의 진복팔단은 어떻게 하면 참된 행복을 누리면서 살수 있는지를 알려준다. 이것은 스바니아 예언자가 강조한 세 가지 행복의 조건을 아우른다.

"행복하여라, 마음이 가난한 사람들! 하늘 나라가 그들의 것이다."(5,3)

마음이 가난한 사람은 하느님을 찾고, 올바르게 살며, 겸손한 사람이다. 행복은 그래서 저절로 굴러오는 것이 아니라 피나는 노력의 대가다. 마음을 비우는 작업이 있을 때 비로소 참된 행복을 맛볼수 있다. 예수님이 말씀하시는 참된 행복이 무엇인지 깨닫고, 우리가 삶 안에서 참된 행복을 추구하면서 살고 있는지, 아니면 세상이 주는 거짓 행복을 따르고 있는지 반성해 보아야 한다.

밭에 묻혀 있는 보물

　한 푼의 돈도 들지 않으면서 대단히 값진 것. 잠깐 반짝이지만 보는 이의 기억 속에 영원히 남을 수 있는 것. 지친 이에게 힘을 주고 가정을 화목하게 해 주며 짜증나는 일에는 더없는 명약. 돈으로 살 수 없고 구걸해서 얻을 수 없으며 빌리거나 훔칠 수도 없는 것. 선물로 받았을 때만 그 가치가 살아나는 것. 이것을 남에게 줄 수 없는 사람이 누구보다도 이것을 절실하게 필요로 하는 것. 이것이 무엇일까?

정답은 미소다.

미소, 웃음은 돈이 드는 일이 아니다. 그렇지만 돈을 주고 살 수 있는 것도 아니다. 누구나 미소를 지을 수 있지만, 남에게 쉽게 줄 수 있는 것은 아니다. 미소는 그래서 일종의 보물인 셈이다. 누구나 이 보물을 가지고 있다. 그렇지만 그 보물을 남에게 쉽게 주려고 하지 않는다. 우리는 일상에서 미소보다는 오히려 찡그린 얼굴, 화난 모습을 보이기가 쉽다.

마태오복음에서 예수님은 하느님 나라에 대한 비유를 들려주신다.(13,44)

어떤 사람이 밭에 나가 일을 하고 있었다. 그러다가 우연히 밭에 묻혀 있는 보물을 발견하였다. 그는 갑자기 가슴이 두근거렸다. 누가 볼까 두리번거렸지만 주변에는 아무도 없었다. 그 사람은 다시 밭에 보물을 묻어 두었다. 그리고 그 자리에 자신만 알 수 있는 표시를 남기고 집으로 돌아갔다. 그는 그동안 모아둔 재산을 전부 팔았다. 밭에 묻혀 있는 보물을 차지하기 위해서 그가 과거에 지니고 있던 그 모든 것을 다 포기했다. 그리고 새로운 밭, 보물이 묻혀 있는 밭을 샀다. 이제 그 밭에 묻혀 있는 보물은 그의 것이 되는 일만 남았다. 주위 사람들은 혀를 끌끌 차며 수군거렸다.

"아니, 저 사람이 정신이 나갔지. 그동안 모아온 재산을 처분하고 저 쓸데없는 밭을 사다니…."

그들은 밭에 보물이 묻혀 있다는 사실을 알지 못했다. 겉으로는 그냥 거친 밭으로 보일 뿐이었다. 그러나 농부는 그 밭에 귀중한 보물이 묻혀 있음을 알고 있었다. 요즘 말로, 남이 모르는 정보를 가지고 있는 셈이었다. 과연 누가 현명한 사람일까? 저 거친 밭을 사는 사람이 어리석어 보이는가? 아니면 그 거친 땅에 보물이 묻혀 있다는 사실을 알지 못하는 사람들이 어리석어 보이는가? 당연히 밭을 사려는 사람이 현명한 사람일 것이다.

　여기서 보물은 하느님 나라를 상징한다. 하느님 나라는 밭에 묻혀 있는 보물처럼 우리의 삶에 감추어져 있다. 그것은 눈으로 금방 드러나는 것이 아니다. 이 귀중한 보물을 찾기 위해서 우리는 해야 할 일이 있다.

　첫째, 거친 땅, 거친 밭을 꾸준히, 정성껏 일구어내는 일이다. 밭은 우리에게 주어진 인생이다. 우리의 인생은 거친 밭과 같다. 평편한 곳이 있는가 하면, 돌이 깊이 박혀 있어서 그것을 파내기 위해 고통을 겪어야 하는 곳도 있다. 때론 돌부리에 걸려 넘어지기도 하는 것이 인생이다. 불교에서 말하는 고해, 고통의 바다…!

　그러나 거친 밭을 꾸준히 일구다보면 거기에 감추어져 있는 보물을 발견할 수 있다. 삶을 성실하게 사는 사람만이 보물을 발견하는 기회를 가지는 것이다. 복권에 당첨되기를 바라는 사람, 도박으로 횡재를 하고자 하는 사람은 보물을 발견할 수 없다. 오히려 대박을 터뜨리려 하다가 쪽박을 차는 신세가 될 것이다.

둘째, 보물을 발견했다고 해서 반드시 그것이 자신의 것이 될 수는 없다. 그 밭은 자신의 것이 아니기 때문이다. 그 보물을 자기 소유로 만들기 위해서는 그 밭을 사야 한다. 그러기 위해 그 밭을 소유하는 전제조건은 자신의 것을 모두 팔아버리는 것, 포기하는 일이다. 포기한다는 것은 말처럼 쉽지 않다. 자기 것을 포기하는 자는 진정으로 용기가 있는 사람이고, 또한 그 보물의 가치가 얼마나 큰지를 잘 아는 사람이다. 과거를 포기하고, 그동안 자신의 안락을 보장해 주었던 재산, 명예, 권력을 포기하는 자만이 하느님이 만들어 놓은 우리의 본모습을 얻을 수 있다.

마지막으로, 귀중한 보물을 얻기 위해서는 흙을 퍼내고 손이 더러워지는 것을 감수해야 한다. 자신의 손을 더럽히지 않고 보물을 캐낼 수는 없다. "나는 깨끗하니까 더러운 흙을 만질 수 없어!" 하고 말하는 사람은 자신을 의인으로, 선한 사람으로 자처하는 교만한 자이다. 우리가 죄를 짓고 있고, 마음의 상처를 받고 있고, 진지하게 인생의 고민을 할 때 우리는 하느님을 만나게 된다.

우리 모두 삶 안에 감추어져 있는 보물을 찾아내도록 하자. 그 보물은 미소일 수도 있고, 사랑일 수도 있고, 선행일 수도 있다. 구약성서 중 열왕기 상권에서 하느님은 솔로몬 왕이 청하는 것은 다 들어주겠다고 하신다. 그때 솔로몬 왕은 재물도, 명예도 그 어떤 것도 아닌 백성을 잘 다스릴 수 있는 지혜를 달라고 청한다. 그 지혜 역시 보물이 될 수 있는 것이다.

참으로 하느님은 우리를 창조하실 때 우리 마음 안에 귀중한 보물을 담아 주셨다. 우리는 우리 안에 들어 있는 보물을 발견하면서 기쁘게 살아가는 존재다. 모든 이가 삶에 숨겨진 각자의 보물을 발견할 수 있기를…!

밀과 가라지

우리가 사는 세상에는 선과 악, 좋음과 나쁨, 옳음과 그름이 공존한다. 사람들은 악을 미워하고 선을 따르는 것이 올바른 윤리·도덕적 선택과 판단이라고 한다. 그래서 세상과 내 마음 안에 있는 악을 뿌리 뽑아 없애기를 기대한다. 과연 악을 완전히 제거할 수 있을까? 악은 선으로 바뀔 수는 없을까? 정말로 악이 없어진다면 이 세상은 살 만할까?

어느 농부가 밭에 좋은 씨를 뿌려 밀을 가꾸었다. 그런데 그의 원

수가 밤중에 몰래 와서 가라지를 뿌려 놓았다. 그리하여 농부의 밭에 밀이 어느 정도 자라고 보니 밀뿐만 아니라 가라지도 생겨났다. 종들은 농부에게 가라지를 뽑아 버릴까요? 하고 물었지만 농부는 지금 뽑으면 밀까지도 뽑힐 염려가 있으니 추수 때까지 그냥 두라고 하였다.

이것은 하늘나라에 관한 예수님의 비유다.(마태오 13,24-30) 이 비유는 인간이나 어떤 조직도 이 세상에서 완벽한 것이 없음을 가르친다. 선한 것만 있지도 않다. 완전한 인간도 없다. 누구에게나 단점이 있기 마련이다. 완벽주의자라 해도 분명 약점은 있는 법이다.

리더를 구분하는 네 가지 범주가 있다. '똑부, 똑게, 멍부, 멍게'가 그것이다. '똑부'는 똑똑하고 부지런한 사람, '똑게'는 똑똑하지만 게으른 사람, '멍부'는 멍청하지만 부지런한 사람, '멍게'는 멍청하면서 게으른 사람을 일컫는다. 이러한 구분법에서 이상적인 리더는 무엇일까? '똑부'다. 똑똑하면서 부지런한 사람이 리더로서 완벽한 자격을 구비했다고 할 수 있다. 그렇지만 현실적으로 참된 리더는 '똑부'가 아니라 '똑게'다. 왜냐하면 '똑부'는 자기의 똑똑함만 믿고 모든 일을 자신이 알아서 처리한다. 남의 말을 듣지 않는 독재적이고 독단적인 사람이다. 올바른 리더라면 똑똑하지만 남에게 일을 맡기고 함께 일할 수 있도록 배려하는 게으름이 있어야 한다.

정치인들, 기업인들, 심지어 신자들 중에도 '똑부'로 행세하는 사람들이 있다. 본인도, 주변사람들도 괴롭히는 유형이다. 완벽한 인간이 되고자 하지만 그것은 불가능한 일이다. 이들은 자신은 완벽하게 일을 처리할 수 있다고 생각하기 때문에 완벽하게 일하지 못하는 사람을 질타하고 몰아세운다. 자신은 밀과 같이 죄에 물들지 않고 깨끗하게 살아가고 있다고 자부한다. 자신을 의인처럼 생각하기 때문에 자기처럼 신앙생활하지 않는 사람을 쉽게 가라지로 판단하고 죄인으로 단죄해 버린다. 이 세상의 죄는 모조리 없어져야 할 더러운 것이라며, 가라지라는 죄를 한꺼번에 뽑아 버리자는 종들이 모습이 그렇다.

그렇지만 내 안에서도, 이 세상에서도 선과 악은 함께 공존할 수밖에 없다. 악은 나쁘기 때문에 모두 없애 버려야 한다면 선도 존재할 수 없다.

사복 차림으로 외출을 하거나 음식점에 가면 가끔 옆자리에 신자들이 모여 앉아 이야기하는 것을 듣게 된다. 이야기의 중심에는 자연스레 어느 한 사람이 화제에 오른다. 그 자리에 없는 사람을 비난하는 경우가 다반사다. 이번에도 어김없다. 화제에 오른 사람은 본당에서 튀는 옷을 입고 잘난 체 하는 사람이다. 결국 이야기는 그에 대한 비난으로 끝나고 만다.

이런 이야기를 하는 본인들은 자신을 밀로, 비난의 대상을 가라지로 생각한다. 어떻게 감히 자신은 밀이고 다른 사람은 가라지라고 단정할 수 있는가?

밀은 하나의 이상향이다. 잘못을 전혀 범하지 않고 결함이 없는 완전한 사람이라는 것도 그렇다. 모든 오류를 즉시 제거하는 것은 가라지를 뽑아 버리려는 일꾼들과 같은 태도이다.

일본에는 우리의 '씨름'과 비슷한 '스모'가 있다. 가끔 텔레비전을 통해 스모경기를 보고 있자면 참 우습기도 하고 재미있기도 하다. 스모 선수들은 모두 거구이고 얼마나 뚱뚱한지 놀라울 정도다. 원으로 된 경기장에서 두 명의 선수가 상대방을 원 밖으로 밀어내거나, 발바닥 이외의 신체 일부분을 바닥에 닿게 하면 승리하는 것이다. 우리나라 씨름에서 상대방이 원 밖으로 밀려나면 무효가 되는 것과는 달리, 스모는 상대방을 원 밖으로 밀쳐내는 것이 승리이다.
자신들을 밀이라고 생각한 그 자매님들의 모습을 보면서 우스꽝스러운 모습의 스모선수들이 떠오른다. 다른 사람을 공동체 밖으로 밀어내는 데 에너지를 허비하고 있는 것이다.

예수님께서 만나는 사람들을 가려내어 밀쳐낸 적이 있던가? 그렇지 않다. 스스로 의인이라고 자처했던 당시의 종교지도자들이 죄인으로 취급하는 사람들을, 예수님은 오히려 포용하셨다. 그들과 함께 식사도 하셨다. 동족들에게 죄인 취급받았던 세리 마태오를 당신의 제자로 불러 주셨고, 세리인 자캐오의 죄를 용서해 주시며, 그의 집이 구원을 얻었다고 선언하셨다.

이렇게, 예수님의 배타적이지 않고 포용의 자세를 본받는 것이 바로 그리스도교다.

비유에 나오는 농부는 추수 때까지 기다렸다가 밀과 가라지를 가려내겠다고 했다. 추수할 때까지 기다리는 인내와 참을성이 필요하다는 말이다.

이 세상에 선과 악은 공존한다. 우리에게 필요한 것은 악을 없애는 것이 아니라 악과 화해하는 것이다. 우리는 미사 때마다 주님의 기도를 읊으며 마지막에 "악에서 구하소서."라고 기도한다. "악을 없애주소서."라고 기도하지 않는다.

우리는 우리의 잘못, 죄스러움, 부끄러움, 어리석음, 교만, 시기, 증오 등과 화해해야 한다. 그러한 노력이 우리가 신앙생활하면서, 이 세상을 살아가면서 필요한 것이다. 세상에는 넘쳐나는 악들이 또한 얼마나 많은가? 그 악들이 없어지기보다는 평화와 정의, 사랑을 향해 나아갈 수 있도록 참고 인내하는 노력이 필요하다는 것이다. 그럴 때 분명히 하느님 앞에서 선과 악이 가려질 것이다. 밀과 가라지가 가려지듯이 말이다. 이러한 분별이 있을 것이라는 종말론적 희망을 가지고 사는 사람이 바로 신앙인들이다. 우리는 '밀이다, 가라지이다'라는 양분법을 갖기보다는 가라지를 통해 밀로 나아갈 수 있도록 노력해야 할 것이다.

영혼의 눈

　신부가 된 지 1년이 채 되지 않은 젊은 신부 한 분이 죽음을 맞이하게 되었다. 사인은 신부전증이었다. 그런데 그 신부님이 합병증으로 죽기 4~5개월 전, 두 눈의 시력을 잃었다고 한다. 시력을 잃는 과정은 육체적으로나 정신적으로 굉장히 고통스러웠다. 어느 날 신부님은 추기경님께 울며 물었다,

　"추기경님, 제 나이 이제 겨우 스물여섯인데, 왜 이렇게 되어야 합니까?"

추기경님은 그를 껴안고 위로의 말을 하고자 했으나, 사실 위로할 수 없었다.

신부님이 실명하고 얼마 지나지 않아 추기경님은 다시 병실을 방문했다. 신부님은 마침 간병인 한 분, 수녀님 한 분과 함께 미사를 봉헌하고 있었다. 〈말씀의 전례〉가 다 끝나고 봉헌이 시작되고 있었을 때였다. 앞을 볼 수 없었기에 신부님은 기존에 외우던 말씀을 대체하고 있었다.

"하느님 아버지, 이 제물을 저보다 더 고통 받는 병자들을 위해 바치오니 받아 주소서."

추기경님도 옆에서 성찬전례를 도우면서 미사를 계속 진행했다. '주님의 기도'를 바치는 순서가 오자 신부님은 '하느님의 자녀 되어 구세주의 분부대로 삼가 아뢰오니….'라는 말씀 대신 다음과 같이 말했다.

"제가 갑자기 두 눈의 시력을 잃고 앞 못 보는 소경이 된 이래, 누구의 도움 없이는 한 걸음도 걸을 수 없습니다. 그래서 저는 지금 '예수님은 참으로 나의 길이시다'라는 말씀을 굳게 믿습니다. 그분 없이 저는 한순간도 살 수 없습니다. 그분은 참으로 우리의 길이십니다. 우리의 길이신 주님께서 가르쳐 주신 '주님의 기도'를 바칩시다."

추기경님은 이 말을 들었을 때 깊이 감동했다고 한다. 무엇이 그렇게 그 젊은 신부로 하여금 그리스도가 길임을 확신하게 하였고, 또 다른 이들에게 그렇게 전달할 수 있게 하였는가? 그것은 그 신부님이 불치의 고통을 통해서 그리스도와 깊이 일치되어 있었기 때문이라고 생각한다. 그리스도는 분명히 실명으로 말미암아 실망과 좌절에 빠져 있는 그 신부님과 함께 계셨으며, 그의 마음을 당신의 빛으로 밝히고 있었다. 그 신부님은 '육신의 눈'은 잃었으나 '영혼의 눈'을 떠서 주님을 보고 있었던 것이다.

이와 같이 우리도 '영혼의 눈'을 떠야 한다. 젊은 신부님처럼 죽음을 앞둔 병자들, 또는 사형수들이 기쁘게 죽음을 맞이하려는 때에 마음이 정화되며 '영혼의 눈'을 뜰 수 있게 되는 경우가 많다. 이는 즉, 고통을 통해 오는 것이다. 우리 마음이 참으로 주님 앞에 가난하고 겸손한 마음, 빈 마음이 될 때 그리스도의 수난의 의미를 더 깊이 깨닫고 그분을 볼 수 있기 때문이다. 우리는 고통이 단순히 아픔과 피해야 할 것이 아니라 그것을 통해 하느님은 우리에게 무엇인가를 말씀하고 계시다는 것을 알아야 한다. 고통을 통해 우리로 하여금 더욱 굳건한 신앙을 가지게 해 주신다는 것을 깨달아야 한다.

복음에는 삶의 의미를 느끼지 못한 채 살아가는 사마리아 여인이 등장한다. 이 여인은 예수님을 만나 고통의 질곡에서 벗어나 새로운 인생을 꾸리게 된다. 더 나아가서 동네 사람들에게 예수님을 메시아로서 선포하는 적극적인 인생을 살게 된다.

우리는 모두 나름대로의 고통과 어려움을 겪으면서 살고 있다. 그러나 예수님께서 십자가의 길을 가셨듯이 그 어려움, 고통의 십자가를 잘 짊어지고 갈 수 있도록 주님께 은총을 구해야 한다. 나로 인해, 이웃이나 잘못된 사회구조로 인해 당하는 고통이라면 그 잘못을 고칠 수 있도록 회개와 쇄신의 노력을 기울여야 할 것이며, 피조물로서 인간의 한계 상황에 맞닥뜨렸다면 적극적으로 받아들이는 자세가 필요하다. 이를 통해 자신을 보다 성숙시키는 계기로 삼아야 한다. 예수님이 사마리아 여인을 찾아오셔서 새롭게 인생을 살도록 변화시켜 주셨듯이 우리도 그분을 믿음으로써 변화될 것이기 때문이다.

우물가의 사마리아 여인처럼

이해인 수녀

야곱의 우물에서 물을 긷던
사마리아 여인에게 당신이 하신 것처럼
주님, 제게도 당신이 먼저
한 잔의 물을 청하시듯
조용히 말을 건네 오시렵니까?
저는 죄인이기에
용기가 부족함을 당신은 아시오니
언제나 일상의 우물가에서
작고 초라한 두레박으로
당신께 물을 길어 드린 저에게
이제는 두레박 없이도
물 긷는 법을 거듭 깨우쳐 주시렵니까?

당신이 깊고 맑은 우물 자체로
제 곁에 서신 순간부터
저의 매일은 새로운 축제입니다.

긴 세월 고여 왔던 슬픔과 목마름도
제 항아리 속의 물방울처럼
일제히 웃음으로 춤추며 일어섭니다.
당신을 만난 기쁨이
하도 커서
제가 죄인임을
잠시 잊더라도
용서해 주시겠지요?
주님, 당신을
사랑하는 기쁨은
참으로 감출 수가 없습니다.

물동이를 버려두고 동네로 뛰어나간
우물가의 그 사마리아 여인처럼
저도 이제는 더 멀리 뛰어가게 하소서.
더 많은 이들을 당신께 데려오기 위하여
그리고 생명의 물 이야기를 하기 위하여

정미연, 〈세례의 축복〉

보신탕 단상

　많은 분이 '개고기' 하면 천주교를 연상하는 것 같다. 신부들 중에
도 개고기를 못 먹는 사람은 거의 없다. 아주 오래전부터 개고기를
먹어 왔기 때문이다. 천주교가 박해받던 시절, 외국 선교사들이 조
선에 입국할 때 도포를 입고 삿갓을 써 변장하여 들어왔다고 한다.
그런데 한국의 개들이 어찌나 냄새를 잘 맞는지 외국선교사들을 보
면 계속 짖어대는 것이었다. 그래서 짖지 않게 하려고 엿을 주었더
니 개가 엿을 덥석 받아먹다가 이빨이 다 빠졌다는 이야기가 있다.

이러한 이유 때문에 그 이후로 개를 없애려고 잡아먹기도 했다. 또 박해를 피해 숨어 지내다보니 고기를 먹을 수 없어 할 수 없이 개를 잡아먹었다는 이야기도 있다. 그래서 신학교에서는 매년 여름 때만 되면 개고기가 나온다. 며칠 후면 중복이 돌아오고 개가 수난을 당하는 시기인데, 수난을 당하지 않으려면 개도 똑똑해야 한다. 사소한 일에 짖지 않아야 하며 주인이 불러도 외면하고 지나쳐야 한다. 기온이 섭씨 30도 이상 되면 인근 야산으로 피신해 있다가 섭씨 20도 이하가 되면 하산하는 것이 좋다. 친한 친구가 잡혀가도 의협심을 발휘하지 말고 모른 체 지나쳐야 하며, 만약 주인에게 잡혔을 경우 게거품을 뿜고 미친 척 해야 한다.

그래도 개고기를 먹으러 많은 사람이 보신탕집을 찾는다. 어느 날 보신탕집에 여러 사람들하고 들어가 방 안에 죽 둘러앉았는데, 주인이 문을 열더니 물었다.

"다 개지요?"

그리고는 방문을 닫으면서 주방을 향해 다시 말하는 것이었다.

"다 개예요."

우리는 졸지에 모두 개가 되어 버렸다.

요즘은 음식문화가 발달되어 맛있는 음식이 너무나 많다. 한식, 일식, 중식, 양식뿐만 아니라 퓨전 요리도 있다. 음식의 종류가 다양해지고 세분되다보니 보신탕을 먹을 기회가 줄어든다. 물론 아직도 보신탕 애호가나 수술한 환자가 꾸준히 찾고 있지만 더 몸에 좋은 음식, 맛있는 음식을 선택하는 트렌드에 따라 선호도에서 밀리고 있다. 더군다나 개고기 자체가 우리나라 식용 개보다 중국에서 수입하는 비위생적 개고기 유통에 대한 불신으로 보신탕을 꺼리는 이들도 있다.

변화된 음식 문화에도 불구하고 나는 보신탕을 가끔씩 먹는다. 은평지구에 보신탕을 너무나 잘하는 곳이 있기 때문이다. 그 집 보신탕은 품질보증이다. 외부 손님이 올 때 그 집에 가서 보신탕 맛을 보여주면 이구동성 맛이 최고라고 평을 듣는다. 그 맛을 잊지 못해 나중에 나를 부르지 않고 몰래 왔다가는 사람도 있다. 그 집 보신탕이 맛있는 이유는 주인의 손맛에 있다. 수십 년간 개고기를 다루어 온 이 자매는 변함없이 진하고 맛좋은 보신탕 맛을 유지한다. 오랜 세월 한결같은 맛을 유지해온 비결은 맛을 내는 솜씨도 있지만 정성을 다하여 싱싱하고 믿을 만한 고기를 가져와 다듬고, 뜨거운 불로 단련 시켰기 때문이다. 그 자매의 변함없는 태도는 신앙에서 우러나온 것이다. 그녀는 매일 미사를 드리고 끊임없이 묵주기도를 바치며 성실하게 하루를 산다. 성실한 신앙의 삶은 변함없는 보신탕 맛을 내는 비결이다. 나 역시 변함없는 단골로 남아있다.

흥부의 행복

　요즘 '놀부 브랜드'가 유행이다. '놀부 부대찌개' '놀부보쌈' '놀부 유황오리진흙구이' 등의 이름으로 운영되는 프랜차이즈가 늘어나는 추세다. 심술과 욕심꾸러기의 대명사인 놀부에는 '부자'라는 이미지가 깔려 있어 부자가 되고자 하는 욕망을 부추기고 좇으려는 세태에 부응하는 심리를 이용한 전략이 깔려 있다. 최근 들어 흥부전에 대해 능력 있고 카리스마 넘치는 놀부와 무능력하고 계획성이 없는 흥부라는 젊은 층의 현실 적응주의적 해석도 놀부 이미지의 유행에 한몫을 한다. 그러나 흥부의 성실한 삶의 방식과 제비를 치유해 주는 생명의식은 복음적 가치관을 반영한다. 흥부의 인생은 행복한 삶으로 이어진다.

예수님은 산에 올라가셔서 사람들에게 여덟 가지 행복을 선언하신다. 마음이 가난하고, 슬퍼하며, 온유한 사람들, 옳은 일에 목마르고, 자비를 베풀며, 마음이 깨끗한 사람들, 평화를 위해서 일하고, 옳은 일을 하다가 박해를 받으며, 예수님 때문에 모욕을 당하는 사람들이 행복하다고 한다. 예수님이 말씀하시는 행복의 기준은 세상의 기준과는 너무나 다르다. 세상의 기준으로 본다면, 많은 재물과 권력을 소유한 사람들이 행복하다. 돈 많고 힘 있으면 자기가 하고 싶은 대로 다 할 수 있을 테니 말이다. 연줄이 있는 사람들이 행복하다. 남보다 쉽게 직장에 들어갈 수 있고, 쉽게 진급도 할 수 있을 것이다. 세상과 적당히 타협하면서 기회를 잘 타는 사람들도 행복하다. 불의든 부정이든 어떤 방법을 써서라도 나만 잘되고, 내 자식만 성공하면 되는 것이니 말이다. 그러려면 남이야 어떻게 되든 상관하지 말아야 한다. 남에게 신경 쓰고 남에게 관대하게 되면 나만 어려워지고 힘들어지기 때문이다.

세상의 기준으로 보는 행복에는 '남의 불행이 나의 행복'이라는 논리가 저변에 깔려 있다. 그러나 정말 그런가? 남이 불행해져야 내가 행복해질 수 있는가? 그렇지 않다. 예수님이 말씀하신 행복은

"남이 행복해질 때 비로소 내가 행복해진다."는 것이다. "이웃가정이 행복해질 때 내 가정도 행복해질 수 있다."는 것이다. 그래서 행복은 상대적이다. 나와 네가 서로 상관적이다. 이 세상에는 나만의 행복이란 있을 수 없다. 니컬러스 크리스테키스와 제임스 파울러가 저술한 〈행복은 전염된다〉(2010)에 따르면, 우리가 맺고 있는 소셜 네트워크, 즉 사회적 관계가 얼마나 놀라운 영향력을 가지고 있느냐를 보여 준다. 이들은 한 지역공동체 사람들의 소셜 네트워크를 분석해서 행복을 측정한 결과, 내가 행복해질 가능성은 내 친구가 행복하면 약 15퍼센트 증가하고, 내 친구의 친구가 행복하면 약 10퍼센트 증가하며, 내 친구의 친구의 친구가 행복하면 약 6퍼센트 증가한다는 사실을 발견한다. 이런 분석 결과를 볼 때, 내 주변 사람들이 행복해야 나도 행복해질 수 있음을 알 수 있다. 주변 사람들이 불행한데 나만 행복할 수 없다는 것이다.

다시 흥부 이야기로 되돌아가보자. 어느 교수는 '흥부에 대한 재해석'이라는 자신의 글에서 진정한 행복을 묘사하고 있다. 이 글의 요지는 21세기 이 시대에 흥부와 같은 인간이 필요하다는 것이다. 우리나라에서 70~80년대 근대화가 진행되면서 흥부와 같은 인간이 천대받았다. 흥부는 책임지지 못하면서 수많은 자식을 낳아 고생만 시킨 무책임한 가장의 상징이었다. 스스로의 문제 해결의 길을 찾지 못한 무능력자이며, 우연히 제비의 도움으로 신비하게 부자가 된 허무맹랑한 자로 평가받았다. 그러다보니 반대로 놀부에 대한 긍정적 재평가가 이루어졌고 사회의 흐름은 놀부의 가치관을 숭상하게 되었다.

　　그러나 최근에 와서는 이러한 판도도 다시 뒤바뀌었다. 지나친 개발지향이 야기한 문제점들이 대두되었기 때문이다. 이에 따라 그동안 무능력자로 취급 받았던 흥부가 재조명되었다. 일단 뭐라 해도 우리나라는 흥부와 같은 사람이 필요하다는 것이 가장 큰 이유다. 현재 저출산율로 인한 심각한 인구감소를 겪는 우리 사회로서는 열두 명의 자식을 둔 흥부 같은 사람들이 필요하다고 주장하는 것은 아니다. 흥부는 참으로 무소유의 인간상, 더불어 사는 삶의 모델을 보여 준 인물이다. 흥부는 아버지에게 재산을 상속받았지만 유산상속에 관심을 두지 않아 형인 놀부에게 다 빼앗겼는지 모르겠다. 그러나 가난하지만 행복하게 살았다. 박을 타서 금은보화로 부자가 되었지만 가난한 사람들을 초대해서 자신의 부를 나누어 주었다. 더 나아가서 자신을 핍박하던 형 놀부에게도 재산을 나누어 주고, 그것도 모자라 자신이 부를 축적한 노하우를 모두 가르쳐 주었다. 어쩌면 오늘날 흥부는 기부문화에 앞장서는 사람이라 할 수 있다. 소유에 집착하지 않고, 이웃과 나눔으로써 자신이 행복해진다는 것을 흥부는 보여 주었고, 궁극적으로는 예수님이 "행복하여라, 마음이 가난한 사람들! 하늘나라가 그들의 것이다."(마태 5,3)라는 말씀을 실천한 사람이다.

흥부에 대한 재조명은 여기서 그치지 않는다. 제비 새끼를 잡아먹으려는 구렁이에게서 제비 새끼를 구해 주고, 부러진 제비 다리까지 치료해 준다. 동물의 생명까지도 소중하게 여기는 '생명사상'을 보여 준다. 이러한 생명사상을 가지고 흥부는 모든 것을 껴안는다. 흥부는 제비도 끌어안고 뱀도 끌어안고, 부자가 되어서도 가난한 사람도 포용한다. 자신으로부터 모든 것을 빼앗아간 놀부 형도 포용하고 모든 것을 나누어 준다. 이렇게 모든 것을 끌어안고 나누는 흥부는 '더불어 사는 삶', 즉 공동체의 삶이 행복한 삶임을 보여 준다. 아름다운 삶, 행복한 삶이란 이렇게 공동체로 서로 함께 상생하며 사는 삶이고, 우리가 모시는 성체의 의미이다.

우리 사회에서 첨예화된 가정불화, 노사 간의 갈등, 정치판에서 여야 간의 투쟁, 지역 간 분쟁, 북한동포의 굶주림을 흥부와 같은 상생의 정신으로 끌어안았으면 한다. 여러분, "부~자되세요!"라고 하지 말고, "행~복하세요!"라고 말했으면 좋겠다. 그리고 하느님 안에서 행복을 전하는 세상이 되길 바란다.

부부는 짝꿍

짝꿍은 언제든지 말하거나 들어도 참 다정하고 애교 있는 말이다. 짝꿍은 다른 말로 '단짝'이라고 한다. 단짝은 언제 어디서나 늘 함께하는 동무다. 짝꿍이나 단짝이라는 말이 가장 잘 어울리는 관계는 바로 부부다. 그러나 아무리 평생의 짝꿍인 부부라 할지라도 그 모습이 몇 십년 동안 한결같기는 어려울 것이다. 부부가 함께 살아간다는 것은, 젊은 시절의 열정이 나이가 먹어가는 과정 속에서 평생의 신뢰와 믿음으로 대체되는 과정일 것이다.

20대 부부– 서로가 신나게 뛰면서 산다(서로가 좋기만 해서).

30대 부부– 서로가 한 눈 팔며 산다(권태기라 고독을 씹으며 산다).

40대 부부– 서로가 마지못해 산다(헤어질 수 없어서 체념하고 산다).

50대 부부– 서로가 가엾어서 산다(흰머리 잔주름이 늘어나서).

60대 부부– 서로가 필요해서 산다(등 긁어 줄 사람이 없어서).

70대 부부– 서로가 고마워서 산다(서로가 살아준 세월이 고마워서).

부부는 그래서 짝꿍이고 단짝이다. 더 잘 어울린다면 명콤비 혹은 금슬 좋은 부부라는 말을 들을 것이다. 70~80세가 넘게 오랫동안 부부로 살기 위해서는 서로 부단한 노력이 필요하다. 설문조사에 따르면, 부부 간에 가장 힘이 되어 주는 말로, 남편의 경우 아내가 "당신을 믿어요."라고 신뢰를 표현할 때라고 한다. 아내는 남편이 "많이 힘들지." 하며 위로의 말을 건넬 때라고 한다. 서로 믿어 주고 위로해 줄 때 큰 힘이 될 수 있다. 짝꿍끼리 서로 마주보고 남편이 우선 아내에게 힘이 되는 말을 해 보는 것이 어떨까?

"많이 힘들지?"

이렇게 먼저 다가간다면 아내도 대답할 것이다.

"당신을 믿어요!"

부부 간에 서로 믿고 위로하며 살아야 하지만 많은 경우에 부부 간에 불화가 잦다. 불화의 원인은 무엇일까? 가장 많이 꼽히는 것은 '인격적인 무시'(29%)다. "왜 뚱뚱하냐?" "여태까지 당신은 뭐했어?" 등이다. 그다음이 '경제적으로 어려워질 때'(23%), '다른 사람 또는 가정과 비교할 때'(15%)도 가정불화의 불씨가 된다고 한다.

어떤 가족치료 권위자는 이혼으로 가는 네 가지 위험한 대화 방식이 "비난, 경멸, 자기변명, 담쌓기"라고 한다. 자신의 책임을 떠넘기기 위해 상대방을 비난하고, 용서하기보다는 경멸하고, 사과 한마디 없이 자기변명만 늘어놓고, 갈등을 해소하지 않은 채 상대방을 피하기만 하면 결국 감정의 골이 깊어져 마음의 문은 닫히고 만다.

어떤 부부가 부부싸움을 대단히 했던 모양이다. 화가 난 남편이 아내에게 소리를 질렀다. "나가 버려!" 아내도 화가 나서 벌떡 일어섰다. "흥, 나가라고 하면 못 나갈 줄 알아요?" 그리고는 집을 나가버렸다. 그런데 잠시 후 아내가 자존심을 내려놓고 다시 집으로 돌아왔다. 아직도 화가 풀리지 않은 남편은 왜 다시 들어왔느냐고 소리를 질렀다. 그랬더니 아내가 하는 말이, "가장 소중한 것을 두고 갔어요!" "그게 뭔데?" "바로 당신이에요." 남편은 그만 피식 웃고 말았다.

부부 간에 자존심 때문에 갈라지는 경우도 많다. 자존심을 잠시 내려놓기만 하면 해결될 수 있는데도 말아. 성가정의 조건은 바로 사랑으로 하나 되는 부부관계가 되어야 한다는 것이다.

부부가 화목하게 살아가는 성가정을 이루려면 서로 부단한 노력이 필요하다. 서로의 존경과 배려의 마음과 신뢰와 용서가 따르는 사랑이 있어야 한다. 존경과 사랑은 함께 간다. 존경은 사랑이 변질되거나 부패되지 않도록 막아주는 소금 역할을 한다. 제 멋대로, 함부로, 내 방식대로의 사랑이 아니라 절제 있는 사랑을 하게 해 주는 것이 존경이다. 상대방을 한 인격체로 대해 주는 존경과 함께 부부 사랑에 요청되는 것은 서로를 세심하게 챙기는 배려의 마음이다.

존경과 배려가 부부생활에 필요하다는 의미에서, 어느 수사신부님의 〈하늘과 산〉이라는 시를 소개한다.

하늘과 산

하늘 있어
산이 좋고
산 있어

하늘이 좋다
하늘은 산에
신비를 더하고
산은 하늘에
깊이를 더한다
이런 사이가 되고 싶다
이런 사랑을 하고 싶다

부부가 하늘과 산의 관계처럼 서로 마주보며 서로에게 신비와 깊이를 더해 주는 사이가 된다면 얼마나 좋을까? 콜로새에서 사도 바오로는 이렇게 권고한다.

"아내 여러분, 남편에게 순종하십시오. 주님 안에 사는 사람은 마땅히 그래야 합니다. 남편 여러분, 아내를 사랑하십시오. 그리고 아내를 모질게 대하지 마십시오."(3,18-19)

남편은 아내를 사랑하고 위로해 주고, 아내는 남편을 믿고 의지한다면 하느님 안에서 성가정을 이루며 백년해로를 누릴 것이다.

하느님 침묵 읽기

유럽여행이나 해외성지순례를 하다보면 파리의 노트르담 성당, 바티칸의 시스티나성당, 아직도 건축이 진행 중인 파밀리아 성당과 같이 아름답고 유서 깊은 성당건축물들을 만날 때마다 엄청난 규모와 엄숙함, 그리고 예술적 가치에 입을 다물지 못한다. 그 자체로 특별한 의미가 담긴 성당 건축물은 신성한 가치를 사람들에게 보다 가까이서 전하고, 찾는 이들에게 행복과 평화를 전한다.

우리나라도 최근에는 해당 지역을 대표하는 명소로 인기를 끄는 성당들이 존재한다. 그중에 불광동 성당은 한국 100대 건축물 중 하나로 장충동 경동교회, 마산 양덕성당과 더불어 김수근의 3대 종교건축물이다. 불광동 성당은 다른 성당 건축물과 여러 면에서 다른 점이 있다. 대부분의 성전 입구는 마당에서 시작한다. 바깥 계단을 이용하여 올라가든가 안쪽 계단으로 올라간 다음 성전 문을 열고 들어가면 앞쪽으로 제단이 있다. 이런 일반적 구조와는 달리 불광동 성전은 마당에서 내부 휴게실을 통과하여 다시 뒤꼍으로 빙 돌아 언덕으로 올라와 성모상이 있는 뒷마당까지 가서야 비로소 성전 문이 보인다. 그 문을 열고 안으로 들어가면 맨 앞쪽으로 제대가 놓여 있다. 왜 불광동 성당은 이런 구조로 건축되어 있을까?

불광동 성당 건축물은 오래전에 작고한 건축가 김수근 선생의 작품이다. 그는 세속과 성스러움 사이에 거리를 두고 싶어 했다고 한다. 성당 앞이 통일로 대도로변이고 언덕이라 수많은 차들과 복잡한 교통으로 엄청난 소음과 매연, 먼지투성이를 만들어내고 있어서 성전 입구를 돌려세운 것이다. 소음과 복잡함 속에 있던 사람들이 성전에 들어가기 위해서는 건축가가 만들어 놓은 호젓한 길을 따라가야 한다. 200여 미터 남짓한 언덕길을 걸으면서 사람들은 자신도 모르게 세속의 먼지를 떨어낸다. 이 길은 '은총의 길'과 '십자가의 길'로 이루어져 있다. 은총의 길에서는 하루하루 하느님이 주시는 은총에 감사하는 마음으로 걷고, 십자가의 길에서는 주님과 함께 십자가를 지며 수난의 고통에 참여한다. 그리고 성전 문에 다다라 문을 여는 순간 이미 거룩하고 깨끗한 마음이 되어 있음을 깨닫는다. 신자들은 성전에 들어올 때까지 여러 생각을 하게 된다. 어떤 분은, "아니, 왜 이리 계단을 많이 만들어 놓았지?" "성전에 들어가는데 왜 이리 한참 걸어가야 돼?" 하며 불평할 수 있다. 그러나 점점 깨닫게 된다. 불광동 성당 건축물 자체가 기도와 묵상 형식이고 내용 자체임을…. 자연스레 성스러움을 체험하는 가운데 자신도 모르게 거룩한 마음자세가 된다는 것을….

헬렌 켈러 여사는 보지도 듣지도 말하지도 못하는 최악의 조건에서조차 수많은 사람들에게 꿈과 희망을 준 사람이다. 그녀의 책 중에 〈사흘만 볼 수 있다면〉(2013)에는 다음과 같은 이야기가 나온다.

숲을 다녀온 친구에게 무엇을 보았느냐고 물었습니다. "별 것 없어." 어떻게 한 시간 동안이나 숲속을 거닐면서도 눈에 띄는 것을 하나도 보지 못할 수가 있을까요? 은빛 자작나무의 부드러운 껍질과 소나무의 거칠고 울퉁불퉁한 껍질을 사랑스럽게 어루만집니다…. 목청껏 노래하는 한 마리 새의 지저귐으로 작은 나무가 행복해하며 떠는 것을 느낄 수도 있습니다. 손가락 사이로 흐르는 시원한 시냇물도 즐겁습니다.(22쪽 중에서)

헬렌 켈러 여사는 눈이 멀쩡한 사람들이 자연의 경이로움을 왜 느끼지 못하느냐고 항변한다. 결국 숲을 느끼고 체험하는 사람과 그렇지 않는 사람 사이에 엄청난 차이가 생긴다는 것이다. 그래서 그녀는 자신이 만약 대학 총장이라면 '눈을 사용하는 법'이란 강의를 필수 과정으로 개설했을 것이라고 한다. 사람들이 아무 생각 없이 지나치는 것들을 진정으로 볼 수 있다면 삶이 얼마나 즐거울지를 알게 해 주는 강의가 될 수 있다는 것이다.

불광동 성당 건축물은 성스러움을 몸으로 체험하고 느끼게 하는 구조다. 침묵 속에 천천히 걷고, 언덕을 힘겹게 오르는 사이에 몸으로 하느님의 은총을 깨닫는다. 동시에 십자가의 고통과 사랑을 껴안으며 그분을 만나는 순례가 성전에서 마무리된다. 오늘도 예수님은 "와서 보아라."(요한 1,39) 하고 우리를 초대하신다. "보아라." 하신 말씀은 눈으로 외적인 것을 보는 시(視)가 아니라 예수님을 느끼고 체험하고 그분이 어떤 분이신지 깨달으라는 견(見)이다. 예수님을 따라간 두 사람은 예수님과 하루를 묵으면서 드디어 예수님이 '메시아'이심을 깊이 깨닫는다.

불광동 성당 건축물은 "와서 보아라."는 예수님의 초대 말씀에 따라 공간체험을 통해 하느님의 사랑과 은총 그리고 거룩함을 맛보게 한다. 신앙은 추상적 생각이나 입으로만 고백하는 것이 아

니라 '체험의 종교'이다. 성당건축물이 하느님의 침묵을 향하도록
배치될 때 어떻게 거룩하신 분을 체험할 수 있는지 불광동 성당은
세상을 향해 증거하고 있다.

정미연, 〈마리아와 엘리사벳의 만남〉

세상에서 가장 강력한 무기

　원자폭탄은 이제 현대의 가장 무서운 전쟁 무기가 되었다. 그러나 이 원자 폭탄은 전쟁에서 그 어떤 나라에도 승리를 가져다주지는 못할 것이다. 오히려 이 폭탄을 가지고 있는 나라들은 서로 위협하고 경계하고 두려워하게 것이다. 어느 해, 미국에서 비밀회의가 열렸다. 그것에는 최초의 원자 폭탄 제조를 감독한 오펜하이머 박사를 비롯하여 국방성의 고위급 관리들이 참석하고 있었다. 원자폭탄보다 더욱 강한 폭탄을 만들기 위해서였다. 이때 사람들은 오펜하이머 박사에게 많은 질문을 던졌다. 그중 한 고위 관리는 이렇게 물었다.

　"원자폭탄보다 더 강한 무기는 만들 수 없을까요? 또 원자폭탄의 공격을 막아 낼 수 있는 무기는 만들 수 없겠습니까?"

　그러자 오펜하이머 박사는 미소를 지으며 말했다.

　"원자폭탄보다 더 강한 무기는 현대 기술로는 만들어 낼 수 없습니다. 그러나 원자폭탄을 막아낼 수 있는 무기는 만들 수 있습니다."

　이때 회의장에 모인 사람들은 깜짝 놀라며 웅성거리기 시작하였다. 그러자 오펜하이머 박사는 이렇게 힘주어 말했다.

　"원자폭탄을 막을 수 있는 무기는 이 세상에 단 하나뿐입니다. 그것은 곧 '평화'라는 것입니다."

정미연, 〈동방박사 세사람〉

무지개가 아름다운 이유

요즘 애완동물을 기르는 사람들이 많다. 동물병원이 잘 되고, 동물 장례식장까지도 등장하고 있다. 그런데 개는 끔찍이 좋아하면서도 같은 애완동물인 고양이는 매우 싫어하는 사람이 있다. 개는 꼬리를 흔들며 주인을 잘 따르지만 고양이는 그렇지 않기 때문이다. 고양이는 본래 잘난 체하며 자태를 뽐내도록 태어난 동물인데, 강아지처럼 굴지 않는다고 해서 미워한다. 가정에서 부부 사이에 문제가 생기는 것은, 남편이나 아내가 많은 면에서 서로가 다른데 서로를 있는 그대로 인정해 주지 않기 때문이다. 고양이로 태어난 배우자에게 강아지가 되라고 강요하는 꼴이다. 생각이나 의견, 행동 등에서 서로의 차이를 인정해 주고 받아주는 데서 부부의 일치가 이루어질 수 있고, 그러한 가정이 삼위일체이신 하느님과 함께 성가정이 될 수 있다.

우리는 대표적으로 불교, 개신교, 천주교, 민족종교, 그 밖에 다양한 신흥종교 들이 공존하는 다종교 사회에 살고 있다. 신기한 일은, 여러 종교가 함께 평화롭게 지내는 나라는 흔치 않다. 종교들이 자신만 절대적이고 다른 종교를 인정하지 않는 경향으로 종교 간 갈등과 폭력이라는 무서운 비극이 초래된 외국사례는 너무나 많다. 전 세계적으로 일어나는 전쟁 중 종교 전쟁인 경우가 얼마나 많은가? 지금도 중동지역에서는 IS(이슬람 국가)의 전쟁과 테러, 불교 국가인 미얀마에서 불교와 이슬람교 간 종교적 마찰 등 참으로 종교 간 대화와 협력이 절실히 필요한 시대다. 왜냐하면 종교 평화 없이는 세계 평화도 없기 때문이다.

미식축구 선수로 유명해진 하인즈 워드가 우리나라에 온 적이 있다. 그는 한국이란 나라를 자신의 어머니의 나라로 자랑스럽게 생각했지만 혼혈인에 대한 차별이 존재하는 것에 대해 유감을 표시한 적이 있다. 우리나라에서 국제결혼은 이제 낯설지 않다. 다민족사회가 되었지만 여전히 혼혈인들, 코시안들은 외모와 피부가 다르다는 이유로 차별을 받고 있다. 직업을 구하기가 좀처럼 쉽지 않다.

왜 무지개가 아름다운지 알고 있는가? 7가지 색깔이 있기 때문이다. 어느 색깔이라도 배제되고 제거된다면 무지개가 될 수 없다. 무지개는 서로 다른 색깔이 어울려서 아름답게 보인다. 서로의 차이와 다름을 인정할 때 세상은 아름다움을 만들어 갈 수 있고, 공존하고 더불어 살 수 있다. 다양성 안에서 서로 하나 되고 일치할 때 우리는 거기서 삼위일체이신 하느님을 만나고 체험하며, 사랑과 평화, 일치를 이룰 수 있다. 가정에서, 직장에서, 이웃 간에, 본당공동체 안에서 자기 자신만을 내세우지 않고 서로 생각과 의견의 차이를 인정해 주는 것은 어떨까? 가난하다고, 못 배웠다고, 고향사람이 아니라고, 같은 학교 출신이 아니라고, 장애인이라고, 혼혈인이라고, 상대방을 차별하고 왕따 시키는 일이 없어야 할 것이다.

자신을 발견하는 길

　루카복음에서 예수님께서는 고향 나자렛 회당에서 희년에 관한 이사야서 대목을 읽으신 후 그 희년이 이 자리에서 이루어졌다고 선포하신다.(4,16-30) 희년이란 '주님의 은혜로운 해'로서 이스라엘에서는 50년마다 모든 노예를 풀어주고 모든 토지를 원소유자에게 되돌려주는 때다. 그런데 예수님은 이사야 예언자가 말한 구원 예언이 당신을 통해 성취되었음을 공적으로 알리신다.

　예수님이 이 세상에 오심으로써 하느님 나라가 이미 시작된 것이다. 가난한 사람에게 기쁜 소식이 전해지고, 억눌린 사람이 해방되며, 눈먼 사람이 다시 보게 되는 세상이 다가왔다. 예수님은 당신 자신이 어떤 사명을 가지고 오셨는지, 당신이 하실 일이 무엇인지 명확히 밝히셨다. 예수님께서는 당신 자신의 정체성을 정확히 알고 계셨기 때문에 당신의 사명과 역할을 인지하고 행동하셨다. '하느님의 아들'로서의 정체성 인식이 바로 그분의 공생활에 바탕을 이루며 죽음과 부활을 가능케 했다.

자기 정체성을 깨닫는 것은 인생을 살아가는 데 매우 중요한 일이다. 자신이 누구인지 제대로 알지 못할 때 우리는 인생을 어떻게, 왜 살아야 하는지 그 사명과 방향을 잃어버리게 된다. 어쩌면 우리는 자기 정체성이 무엇인지, 내가 누구인지 심오한 질문을 던지고 답하는 때가 그리 많지 않다. 심지어 자기가 누구인지 잘 생각하지 않고 살아가는 경우도 있다. 누군가가 "너는 누구냐?"고 묻는다면 무엇이라고 답할 수 있을까?

"명마는 뒤를 돌아보지 않고 앞만 보고 뛴다."고 한다. 우리도 자기 삶의 '명마'가 되기 위해 이제껏 한 번도 뒤돌아보지 않고 더 많이 벌고, 더 높은 자리에 오르기 위해 숨을 헐떡이며 질주하는 삶을 살아왔을 것이다. 하지만 아직도 우리는 자신이 누구인지 잘 모를 때가 많다.

종합병원에서 많은 월급을 받는 어떤 의사가 있었다. 그는 멀쩡히 잘 근무하다가 어느 날 아프리카 의료봉사대에 자원해 갔고 그곳에 눌러앉아 버렸다. 그는 떠나면서 이렇게 말했다.

"어렸을 때부터 꼭 하고 싶었던 일인데 더 늙기 전에 해야죠. 못하면 후회할 거예요. 나는 나를 알지요."

주변 사람들이 볼 때 이해할 수 없는 행동이었지만, 자기 자신을 잘 아는 사람만이 이렇게 용기를 내어 남을 위해 봉사하는 삶에 투신할 수 있었다.

자신이 누구인지 안다는 것은 매우 중요하다. 자신의 정체성을 제대로 알 때 그 정체성에 따라 살아가기 때문이다. 영화, '레미제라블'은 1800년대 프랑스를 배경으로 불의한 시대에 사회 밑바닥에서 처절하게 몸부림치며 살아야 했던 '불쌍한 사람들'의 이야기이다. 여기에 주인공으로 나오는 장발장은 누이동생과 어린 조카들을 위해 빵 한 조각을 훔친 죄로 19년형을 선고받는다. 마침내 형기를 마치고 출소했지만 전과자라는 낙인이 찍힌 장발장에게 세상은 쉴 곳도, 잠잘 곳도 제공해 주지 않았다. 가까스로 찾아간 곳이 성당이었다. 다행히 나이 많은 미리엘 주교님이 따뜻한 음식과 깨끗한 잠자리를 제공해 주었다. 하지만 장발장은 여기에 만족하지 못하고 순간적인 충동에 사제관의 은접시를 훔쳐 달아났다. 그러나 결국 헌병에게 붙잡혀 다시 성당으로 끌려왔다. 이를 본 미리엘 주교님은 "

그 접시는 내가 이 사람에게 선물로 준 것"이라며 헌병에게 증언하고 나서 은촛대까지 장발장에게 내어 주었다.

미리엘 주교님이 베풀어 준 사랑과 용서 앞에 장발장은 십자가 앞에서 타락해져 있는 자신의 모습을 적나라하게 마주하고, '난 누구인가'(Who am I ?)라고 계속 자신에게 질문을 던지면서 결국 하느님의 뜻에 따라 살겠다고 회심을 하게 된다. 자기 자신이 누구인지 제대로 알게 될 때 비로소 올바른 삶을 살아간다. 그는 다른 사람에게 사랑과 용서를 베푸는 사람이 된다. 바로 이것이 교회가 세상을 향해 해야 할 일이다.

가톨릭의 유명한 현대 영성가 중 한 분인 토머스 머튼은 이런 말을 한 적이 있다.

"진정한 자신을 발견하는 길이며 이 세상에서 오직 하나의 참된 기쁨은 '자기'라는 감옥에서 빠져나오는 것이다."

우리는 누구인가? 우리 스스로 물음을 던지고 답을 해야 한다. 결국 우리가 예수님의 제자이고, 그리스도인임을 정확히 인지한다면 우리는 과연 어떻게 살아야 하겠는가?

풍성한 열매 맺는
마음의 밭

"씨를 뿌리는 자가 뿌리러 나가서 뿌릴 때 길가에 떨어진 것은 새들이
와서 먹어 버렸고, 흙이 얕은 돌밭에 떨어진 것은 흙이 깊지 아니하므로
곧 싹이 나오나, 해가 돋은 후에 타서 뿌리가 없어지므로 말랐다. 더러는
가시떨기 위해 떨어짐에 가시가 자라서 기운을 막았고 더러는 좋은 땅에
떨어지매 어떤 것은 백배, 어떤 것은 육십 배 어떤 것은 삼십 배의 결실
을 하였다. 귀 있는 자는 들을 지어다" (마태오 13:1-9, 18-23)

복음에서 예수님은 제자들에게 씨 뿌리는 사람의 비유 이야기를 들려주신다. 이 비유 이야기에서 나오는 씨는 하느님 말씀을 뜻하고, 씨를 뿌리는 농부는 예수님이시다. 이 이야기에는 네 종류의 밭이 나온다. 그 밭은 우리 마음의 상태를 표현한다. 열심히 신앙생활을 하는 이는 좋은 열매를 맺을 수 있는 기름진 밭이다. 반면 하느님을 거부하거나 교회에 냉담하는 이는 길바닥이나 돌밭과 같은 메마른 밭이다. 그런데 신앙생활을 하다보면 우리의 마음은 자신도 모르는 사이에 간혹 돌밭이 되기도 한다. 아무리 기름진 밭이더라도 조금만 소홀히 하면 밭은 황폐해지기 쉽다. 우리의 마음은 이렇게 어느 때는 가시밭이 되기도 하고, 다시 풍부한 열매를 맺는 좋은 밭으로 회복되기도 한다. 마음의 땅이 윤택함을 유지하지 못하고 이토록 변덕스러운 까닭은 우리 마음속의 물질적인 소유욕, 육체적인 쾌락, 교만과 위선적인 태도 때문이다. 하느님 말씀을 제대로 따르지 못하고 세속의 가치관에 매몰되는 것이다. 우리는 이렇게 연약하고 부족한 인간이기 때문에 하느님께 가는 길에서 벗어나기도 하고 게을러지기도 하는 것이다. 그래서 우리는 꾸준히 하느님을 향한 마음이 좋은 땅을 유지할 수 있도록 언제나 노력해야 한다. 예전에 세상을 떠난 정채봉 선생의 글을 한 편 소개한다. '마음을 찍는 사진기'라는 동화이다.

어느 마을 시장에 사람의 마음을 찍는 사진기가 있었습니다. 어떤 유명한 정치가를 찍었더니, 돈 다발이 찍혔습니다. 돈 많은 사장님을 찍었더니, 술과 여자가 찍혀 나왔습니다. 어떤 남자는 늑대가 찍혀 나오고 어떤 여자는 여우가 찍혀 나왔습니다. 그러던 어느 날 이 시장에 얼굴이 험상궂게 생긴 사나이가 나타났습니다. 사람들은 생각했습니다. '틀림없이 무시무시한 흉기가 찍혀 나올 거야!' 사나이가 카메라 앞을 지나갔습니다. '방긋 웃는 아이의 얼굴'이 찍혔을 뿐, 사나이는 단지 미역꾸러미만을 들고 시장을 벗어나고 있었습니다.

지금 우리 앞에 '마음을 찍는 사진기'가 있다면 나 자신의 모습은 과연 어떻게 찍혀 나올까? 돈 다발? 무시무시한 흉기? 늑대나 여우? 우리 마음이 비옥한 땅을 유지하기 위해 다음과 같은 세 가지 요령이 있다. 이를 익혀 잘 실천한다면 마음의 밭은 언제나 기름질 것이다.

1) 기도: 자신을 성찰하고 반성하면서 하느님의 말씀을 듣는 시간을 가진다.
2) 선행: 도움을 필요로 하는 사람과 여러 모양으로 나눈다.
3) 영적 독서: 성경을 비롯한 신앙서적을 읽는다.

정미연, 〈십자가에 달리신 예수님과 두 강도〉

chapter 3.

기도하는 사람

"사람은 빵만으로 살지 않고 하느님의 입에서 나오는 모든 말씀으로 산다."
(마태오 4,4)

말씀의 복음화

우리는 보통 하루에 5만 마디 말을 한다. 그런데 그중에 사랑과 희망이 담긴 말은 10% 내외다. 그 밖에 대부분은 무의미하거나, 부정적이고 비난하는 말이라고 한다. 다시 말해, 10%만이 긍정적인 언어이고, 90%는 부정적인 언어인 것이다.

한 연구 기관의 조사에 따르면, 우리나라 청소년의 74%가 초등학교 때 욕설을 시작한다고 한다. 또 습관적으로 욕을 하는 학생은 절반이 넘는 것으로 나타났다. 어느 방송사에서도 비슷한 분석을 했다. 중고생 4명의 대화내용을 들어본 결과 8시간 동안 4명의 학생에게 400여 개의 욕설이 쏟아져 나왔다고 한다. 평균 75초에 한 번꼴로 욕설이 튀어나온 셈이다. 초중고생 65%는 매일 욕을 하고, 절반은 습관적으로 한다. 참 심각한 상황이다.

　말은 참으로 중요하다. 긍정적인 말은 상대방의 생명을 살리고 행복하게 만들어 주지만, 부정적인 말은 상대방의 생명을 죽이거나 고통스럽게 만든다. 사람들이 모이기만 하면 꼭 그 자리에 없는 사람을 비방하고 험담하며, 깎아내리고, 헐뜯고, 근거가 없는데도 죄인으로 낙인을 찍는 경우도 있다. 한 마디로 말해 고기는 씹어야 맛이 나듯이, 사람도 씹어야 재미가 있다는 식이다.

　말 한마디로 인해 기분이 상할 뿐만 아니라 마음의 상처를 입는 경우도 허다하다. 무심코 던진 돌에 개구리가 맞아 죽을 수 있듯이, 아무 생각 없이 던진 말 한마디가 상대방의 인격에 큰 상처를 줄 수 있다. 인터넷 댓글에서 근거 없이 비방하는 악플 때문에 자살하는 사람들이 얼마나 많은가? '삼사일언'(三思一言)이라는 말이 있다. "세 번 생각한 뒤 한 번 말하라."는 뜻이다. 말하기 전에 5초만 기다리자. 5초면 세 번 생각할 수 있는 시간이 될 수 있다. 그 5초도 마련하지 않고 아무 생각 없이 상대방에 대해 말하기 때문에 마음에 깊은 상처를 준다.

어느 방송에서 실험을 했다. 쌀밥을 두 병에 담아 한쪽 병에는 "고맙습니다"를, 다른 한쪽 병에는 "짜증나!"를 써 붙였다. 그리고 몇 사람에게 나누어준 다음 한 달간 "고맙습니다" 병에는 "사랑해" "참 이쁘네" 이렇게 좋은 말을 들려주었고, 다른 병에는 "냄새날 것 같아" "짜증나!" 하는 듣기 싫은 말을 하게 했다. 4주 후에 두 병에 담긴 쌀밥은 어떻게 변화했을까. 아주 큰 차이를 보였다. 긍정적인 말을 한 병에는 하얗고 뽀얀 곰팡이가 피어 예쁜 상태를 유지하며 구수한 누룩냄새가 났는데, 나쁜 말을 한 병에 있던 쌀밥은 썩어버렸다. 이 실험을 통해 그만큼 말의 힘이 얼마나 대단한지 알 수 있다.

마태오복음에서 예수님은 하느님 나라를 혼인잔치에 비유하신다.(22,1-14) 우리 모두는 하느님 나라에 초대받은 사람들이다. 하지만 하느님 나라에 참여하려면 합당한 예복을 입어야 한다. 우리 모두는 하느님께 초대받은 사람들이지만 그에 합당한 예복을 입어야 한다. 그 예복이란 우리가 신앙인으로 올바르게 살아가는 모습이다. 그러기 위해서는 자신이 먼저 복음화되는 '자기 복음화'가 이루어져야 하고, 남을 복음화해야 한다. 내가 먼저 복음화된다는 것은 내 삶이 복음화됨을 말하며, 그에 해당하는 근본적 변화는 말과 언어에서 시작되어야 한다.

가정에서 가장 중요한 관계는 부부다. 이런 이야기 들어보았는가? 남편 죽이는 말, 살리는 말, 아내 죽이는 말, 살리는 말. 남편을 죽이는 말은 "당신이 뭐 하나 제대로 하는 게 있어요?" "참 복도 없지." "어떻게 이런 남자를 만났을까?" "가서 돈이나 벌어 와요." "당신하고 사는 게 정말 지겨워요." 하지만 이런 말은 남편을 살리는 말이다. "사랑해요" "내가 시집 하나는 잘 왔지." "당신이라면 할 수 있어요." "당신만 믿어요."

반대로 아내를 죽이는 말이 있다. "당신 몸매 좀 가꿔." "화장품 발라보면 뭘해. 그게 그 얼굴이지." "당신이 뭘 안다고 그래?" "살림을 하는 거야? 말아먹는 거야?" 반대로 아내를 살리는 말이 있다. "당신 갈수록 더 멋있어." "당신 음식 솜씨는 일품이야." "역시 나는 처복이 많아." "당신, 왜 이리 예뻐졌어?"

한번쯤 이렇게 아내를, 남편을 살리는 말을 해보는 것은 어떨까? 이러한 긍정적이고 희망적인 말을 통해 신자답게 살아가기 바란다. 선뜻 용기가 나지 않는다면 바오로 사도의 필리피서 말씀에 의지해 보는 것은 어떨까.
"나에게 힘을 주시는 분 안에서 나는 모든 것을 할 수 있습니다."(4,13)

성경은 하느님의 연애편지

현대 영성가인 헨리 나웬은 〈영성수업〉(2014)에서 성경이 하느님의 연애편지라고 강조하며 다음의 글을 소개한다. 이 글은 편지 한 통이 어려움에 처한 사람에게 어떻게 희망의 말씀을 계시해 줄 수 있는가를 잘 보여준다.

어느 네덜란드인 병사가 체포되어 포로가 되었다. 적들은 그를 고국에서 먼 곳으로 데려갔고, 그래서 그는 가족 및 친구들과 소식이 완전히 끊어졌다. 집에서 아무런 소식도 오지 않아 그는 몹시 외롭고 두려웠다. 집에 사람이 살아 있는지, 고국의 상황은 어떤지 알 길이 없었다. 의문은 수없이 많았으나 그는 단 하나의 의문에도 답할 수 없었다. 살아야 할 이유가 아무 것도 남지 않은 것 같아 그는 절망했다. 그러던 중에 그는 뜻밖의 편지 한 통을 받았다. 편지는 이역만리를 거쳐 그에게까지 오느라고 구겨지고 손때가 묻어 있었다. 그저 종이 한 장이었지만 그 안에 들어 있을지도 모르는 말 때문에 그에게는 무엇보다 소중했다. 그는 편지를 뜯어 이 간단한 말을 읽었다.

"우리 모두 집에서 너를 기다리고 있다. 다 별 일 없다. 걱정하지 마라. 집에서 너를 다시 보게 될 것이다. 우리 모두 네가 보고 싶다."

이 짤막한 편지가 그의 삶을 바꾸어 놓았다. 그는 어느 새 기분이 밝아졌고 더 이상 절망하지 않았다. 살아야 할 이유가 있었다. 그의 삶의 외적인 환경, 즉 수용소에 갇혀 격리된 상태는 달라지지 않았다. 노동은 계속되었고 똑같이 어려운 일들을 겪었으나, 그의 내면은 완전히 달라진 기분이었다. 누군가 그를 기다리며 보고 싶어 하는 사람이 있었다. 그에게는 아직 집이 있었다. 그날 그의 안에 희망이 다시 태어났다. 짤막한 편지에 간단한 말을 쓴 것이 한 생명을 구했다. 다른 사람의 말 속에 하느님의 말씀이 있었기 때문이다.

네덜란드 병사가 죽음의 수용소에서 살아남을 수 있었던 것은 한 통의 편지 때문이다. 가족에게 온 편지는 그에게 살아야 할 이유와 희망을 준 것이다. 마찬가지로 하느님은 우리에게 성경이라는 연애편지를 보내 주셨고, 이를 살아 있는 하느님의 말씀으로 받아들이는 사람은 사랑과 희망, 생명과 구원을 얻게 된다.

모든 신앙인은 하느님의 말씀인 성경을 읽고 그 말씀대로 살아가는 존재다. 왜냐하면 성경은 우리 인생길을 밝혀 주는 등불이고 참 생명의 말씀이기 때문이다. 우리가 성경을 '공부할 책'이기보다 '생명의 양식'으로 생각한다면 하느님이 베풀어주시는 생명의 말씀을 감사하는 마음으로 만나고 기쁨으로 받아 모실 것이다. 그러한 신앙인은 "빵만으로 살지 않고 하느님의 입에서 나오는 모든 말씀으로 사는"(마태오 4,4) 존재다. 성경은 우리 인생을 변화시켜 주고, 인생길에 나침반이 되어 인도해 주며, 용기와 희망을 준다.

"주님 말씀은 제 발에 등불, 저의 길을 비추는 빛이옵니다."(시편 118, 105)

성경을 음식으로 치자면 어떤 맛이 날까? 고기맛? 야채맛? 양념맛? 성경에는 '꿀처럼 달다'고 되어 있다.

"'사람의 아들아, 내가 너에게 주는 이 두루마리로 배를 불리고 속을 채워라.' 그리하여 내가 그것을 먹으니 꿀처럼 입에 달았다."(에제키엘

3.3)

　신앙인이라면 성서에 맛을 들여야 한다. 그래야 성서인 하느님의 말씀에 따라 살아갈 수 있다.

　예로니모 성인은 일생에 걸쳐 그리스어로 된 구약성서 『70인역』을 라틴어로 번역하여 『불가타』라는 번역판을 만들었다. 그는 "성경을 모르는 것은 그리스도를 모르는 것입니다."라는 말씀을 남긴 바 있다. 성경을 모르고서 어떻게 그리스도를 따르는 제자라고 할 수 있겠는가. 올바른 학생이라면 선생님이 누구인지, 무엇을 원하는지 잘 알아야 한다.

　미국에서 박사학위 과정을 밟던 시절, 지도교수의 뜻을 잘 몰라 무척 애를 먹은 적이 있었다. 논문을 써서 내면 퇴짜 맞기를 반복했다. 논문 쓰는 방식에 문제가 있음을 알게 되었다. 그 교수의 의중을 알게 된 후 나는 여러 번의 수정 작업을 거쳐 마침내 논문을 통과시켰다. 우리는 그리스도를 스승으로 모시는 제자들이다. 그분의 의중을 모른다면 제자가 될 수가 없다. 당연히 성경을 읽고 이해하며 실천하는 것이 그분을 따르는 길이다. 모든 신자들이 하느님의 연애편지인 성경을 입에 단 꿀처럼 맛들여 더 이상 그 맛없이는 못살 정도까지 되었으면 좋겠다.

반성과 회개의 시기

    대림 시기는 빛으로 이 세상에 오시는 예수님의 탄생을 준비하는 기간이다. 구약에서 이스라엘 백성들이 메시아가 오시기를 4,000년이나 고대하였듯이, 그 상징으로 4주간을 대림시기로 정한 것이다. 이때가 우리를 구원하러 오시는 주님을 기다리는 시기다.

    이 시기에는 대림환 초 네 개가 제대 위에 놓여 있고 매 주 하나씩 촛불을 켠다. 마침내 네 개의 초가 다 켜지면 주님이 이 세상에 빛으로 오시는 날이다. 제의 색깔은 보라색이다. 주님이 오시기를 기다리며 회개와 보속으로 마음의 준비를 하는 시기임을 암시한다.

대림 시기는 주님을 기다리며 바쁘게 사는 삶 속에서 한 발짝 뒤로 물러나 있는 때이다. 내가 그동안 어떻게 살아왔는지 자신의 삶을 반성하고 회개해야 한다. 구약의 노아의 홍수 이야기는 혼란과 무질서로 변해 버린 세상을 심판하는 인류를 향한 경고의 말씀이다. 그 당시 사람들은 윤리적, 도덕적으로 타락하였다. 먹고 마시고 흥청망청 세월을 보내는 일로 바쁘게 살았다. 그러던 어느 날 갑작스레, 생각지도 못한 대홍수로 인해 멸망하였다. 성경에는 그들의 모습이 다음과 같이 묘사되어 있다.

"하느님께서 내려다보시니, 세상은 타락해 있었다. 정녕 모든 살덩어리가 세상에서 타락한 길을 걷고 있었다."(창세 6,12)

"주님께서는 사람들의 악이 세상에 많아지고, 그들 마음의 모든 생각과 뜻이 언제나 악하기만 한 것을 보시고 세상에 사람을 만드신 것을 후회하시며 마음 아파하셨다."(창세 6,5-6)

땅이 썩어 있고, 무법천지가 되어버린 세상. 대홍수로 싹 쓸어버릴 수밖에 다른 선택을 할 수 없으셨던 하느님의 심정을 우리가 이해할 수 있겠는가. 이 같은 상황은 루카복음의 '되찾은 아들의 비유'(15,11-32)에서도 잘 나타난다.

둘째 아들은 아버지로부터 유산을 받아 먼 길을 떠난다. 그는 많은 돈으로 먹고 마시고 흥청망청 세월을 보낸다. 그것이 자유인 줄 착각한 것이다. 그는 아버지의 존재를 잊고 지낸다. 오로지 자신만의 쾌락과 향락을 위해 살아간다. 돈이 다 떨어지고 거지신세가 되고 나서야 아버지를 떠올린다.

"아! 아버지와 함께 살던 때가 얼마나 좋았는가!"

먹고 마시고 흥청망청 세월을 보내는 모습은 노아 시대뿐만 아니라 오늘날 소비자본주의 사회를 살아가는 우리들에게도 재연되고 있다. 밤이 되면 서울 곳곳이 홍등가로, 먹자골목으로 변한다. 건전한 문화공간들도 많지만, 수많은 유흥업소들, 음식점, 술집, 단란주점, 러브호텔 등등 각종 유해환경, 퇴폐환경에 우리 모두가 노출되어 있다.

지나친 과소비를 추종하는 경우도 많다. 먹다 남은 아까운 음식을 버리는 일이 그렇다. 지구상에 굶어 죽어 가는 어린이가 몇 백만 명이라는 사실, 북한의 어린이들이 영양실조로 죽어 가는 상황을 생각하면 음식을 버리는 것은 죄스러운 일이다.

또한 우리는 너무 비싼 상품, 고급 브랜드만 구입하는데 중독되어 가기도 한다. 명품을 소유하고 있느냐 있지 아느냐에 따라 사람을 차별한다. 사람의 인격이 중요한 것이 아니라 물건이 중요하게 되어 주객전도가 되는 사회다. 소비를 위한 성매매도 성행한다. 좋은 옷, 액세서리, 휴대폰을 사고 유흥비를 마련하기 위해 성을 파는 성상품화는 교묘하게 이루어진다. 흥청망청 쓰기 위해, 재물에 대한 욕망으로 인해 수단과 방법을 가리지 않고 돈을 모으려는 부정부패도 난무한다.

무엇을 마실 수 있겠어?

아빠가 구린내 나는 돈으로
가죽옷을 사 주었는데도
엄마는 그 냄새를 맡지 못하고 있어
그래서 그 옷을 입고
온 동네를 돌며 구린내를 풍기고 있어
마침내 동네 엄마들이 모여
구린내의 잔치를 벌이는 거야

그 속에서 우리들 아이들이
무엇을 마실 수가 있겠어?
질식할 정도야
아빠! 구린내 나는 돈으로
제발 우리들의 옷을 사지 마!
엄마! 구린내 나는 옷 입고
제발 우리들의 풀밭에 오지 마!

이 시는 어른들을 위한 동시집 〈이슬 마르지 않는 나라에서〉(2001) 발췌한 내용이다. 어른들의 거짓되고 어두운 '구린내 나는' 돈으로 가정을 꾸리려 하고, 그 자녀에게 무질서의 시대를 넘겨준다는 것은 참으로 부끄러운 일이다.

대림 시기는 회개와 보속으로 우리 자신의 삶을 성찰하고 새롭게 만드는 시기다. 진정으로 깨끗해진 우리 마음, 우리 사회에 아기 예수님이 오시도록 준비해야 할 것이다.

"밤이 물러가고 낮이 가까이 왔습니다. 그러니 어둠의 행실을 벗어 버리고 빛의 갑옷을 입읍시다. 대낮에 행동하듯이, 품위 있게 살아갑시다. 흥청대는 술잔치와 만취, 음탕과 방탕, 다툼과 시기 속에 살지 맙시다. 그 대신에 주 예수 그리스도를 입으십시오."(로마 13,12-14)

육화의 신비

예수님께서는 캄캄한 어두움에서 밝은 빛으로 우리를 인도하기 위해, 죄의 그늘에서 우리를 구원하기 위해 이 세상에 오셨다. 인간을 구원하기 위해 인간으로 육화하셨다. 밤하늘에 조용히 귀를 기울여 보면 구세주의 탄생을 알리는 천사들의 아름다운 노랫소리가 들려오는 것 같다. 우리 모두를 구원해 주실 메시아가 비천한 모습을 한 채, 낮은 데로 오신다. 일찍이 시편 저자는 "사람이 무엇이기에 이토록 돌보아 주십니까?"(8,5) 하고 감격에 넘쳐 외친 바 있다. 하느님이 인간이 되셨다는 사실은 실로 인간에 대한 하느님의 넘쳐흐르는 자비에서 비롯된다. 하느님의 인간에 대한 극진한 사랑이 아기 예수님을 탄생하게 하신 이유다. 그러나 많은 사람들은 위대한 사랑의 힘이 육화의 신비를 가능케 하였다는 사실을 믿지 못한다. '새들의 비유' 이야기가 육화의 신비를 이해하는데 도움이 되리라.

　때는 어느 크리스마스 전날 밤, 한 가족이 성탄 자정 미사에 참석하려 하고 있었다. 그러나 아버지만은 그리스도의 육화를 이해할 수 없다는 이유로 미사에 참석하지 않았다. 가족이 집을 떠난 후에 그 아버지는 부엌 창문에서 쿵하는 소리를 들었다. 그가 깜짝 놀라 부엌으로 달려갔을 때 뒷마당에는 한 떼의 새들이 폭풍우를 만나 필사적으로 피할 곳을 찾고 있었다. 몇 마리 새들은 부엌 창문을 통해 안으로 날아들어 오려고 했다. 그는 새들을 헛간으로 인도하기 위해 헛간 문을 활짝 열고 불을 켜 놓았다. 그러나 새들은 아무 반응이 없었다. 그는 한 가지 지혜를 짜내어 눈 위에 빵부스러기를 뿌려서 헛간 안까지 길을 만들었다. 그래도 아무 소용이 없었다. 실망한 채 그는 주위를 걸어 다니며 팔을 휘두르면서 헛간으로 새들을 집어넣으려 했다. 그러나 새들은 여전히 이해하지 못했다. 마침내 그는 새들이 왜 그러는지 깨닫게 되었다. 새들은 자신을 낯설고 두려운 존재로 느껴 믿지 못하고 있는 것이었다. 그는 생각했다.
　"아 내가 잠시 새가 될 수 있다면, 내가 저 새들을 구할 수 있을

텐데. 내가 새가 될 수 있다면….”

그 순간 성당의 종들이 일제히 크리스마스의 기쁜 소식을 알리기 시작했다. 그리고 갑자기 그는 큰 깨달음을 얻었다. 그는 눈 속에서 무릎을 꿇은 채 외쳤다.

“오, 알았습니다. 하느님, 당신이 왜 우리와 같은 인간이 되셨는지, 그 이유를 지금에서야 알게 되었습니다!”

참으로 아름다운 이야기다. 그에게 성탄은 자신의 생애에서 가장 값진 순간이었을 것이다. 이 이야기는 하느님이 인간이 되신 이유가 바로 인간을 향한 극진한 사랑 때문이었음을 일깨운다.

“하느님께서는 세상을 너무나 사랑하신 나머지 외아들을 내 주시어, 그를 믿는 사람은 누구나 멸망하지 않고 영원한 생명을 얻게 하셨다.”(요한 3,16)

기도하게 하소서

라빈드라나드 타고르

위험에서 벗어나게 해달라 기도하지 말고

위험에 처해도 두려워하지 않게 해달라 기도하게 하소서

고통을 멎게 해달라 기도하지 말고

고통을 이겨낼 가슴을 달라 기도하게 하소서

생의 싸움터에서 함께 할

친구를 보내달라 기도하는 대신

스스로의 힘을 갖게 해달라 기도하게 하소서

두려움 속에서 구원을 열망하기 보다는

스스로 자유를 찾을 인내심을 달라 기도하게 하소서

나의 성공에서만 신의 자비를 느끼는

이기주의자가 되지 않게 하시고

나의 실패에서도 신의 손길을 느끼게 하소서

토마스의 불신앙

　교회에서 부활 시기는 50일이다. 즉, 부활 7주간까지 보내는데 예수 승천 대축일, 그리고 한 주일 후에 성령강림 대축일 맞으면서 부활 시기가 끝난다. 제자들은 예수님의 부활을 여러 번 목격한다. 그러나 부활하신 예수님의 발현을 체험하지 못한 토마스 사도는 그분의 부활을 믿으려 하지 않는다. 이에 예수님이 나타나셔서 그의 불신앙을 완전한 신앙으로 바꾸어 주신다.

　모든 그리스도인은 부활신앙을 믿고 그 신앙을 증거하는 존재다. 그 신앙의 핵심에는 예수님의 죽음과 부활에 대한 믿음이다. 믿는다는 것은 인간관계에서 다양한 경험을 통해 그 속성을 익히고 깨닫게 된다. 가정에서 부부 간에, 부모와 자녀 간에, 시어머니와 며느리 간에 서로 믿지 못하고, 신뢰하지 못해서 서로 으르렁거리고 싸우고 마음의 상처를 받는 경우가 많다. 남편은 아내를 믿지 못하고, 아내는 남편을 무시하는, 사랑 없이 사는 부부가 의외로 많다.

이 사회도 불신에 가득 차 있다. 무슨 말을 해도 도무지 믿으려 하지 않고, 서로 믿지 못하는 관계로 변하고 있다. 거짓말이 남발하고 사람 간에 정직하지 못한 것이 원인이다. 거짓말에 관한 재미있는 이야기가 있다.

양치기 소년이 늑대가 나타났다며 거짓말을 치다가 크게 혼이 났다. 그러나 깊이 반성을 하자 동네 사람들은 그를 가엾이 여겨 다시 양치기를 시켰다. 소년이 다시는 거짓말하지 않겠다며 깊이 다짐하고 있을 때 하늘에서 비행기 4대가 멋지게 날아가고 있었다. 소년은 하늘을 보며 뭐라고 크게 외쳤다. 그 소리를 들은 마을 사람들은 그를 추방하고 다시는 마을에 발을 들이지 못하도록 했다. 소년이 하늘을 보면서 외친 말은 이랬다.

"와! 넉 대다."

'늑대와 양치기 소년'을 패러디한 내용이다. 거짓과 위선, 부정부패가 만연될 때 불신사회를 조장하고, 불신의 결과 공동체는 파괴

되어 이웃과 함께 살지 못하게 된다.

불신앙에 사로잡혀 있었던 토마스 사도에게 예수님은 몸소 나타나셔서 당신을 만지라고 말씀하신다. 토마스 사도는 부활하신 예수님을 본 순간 더 이상 말을 할 수 없었다. 다만 "저의 주님, 저의 하느님"(요한 20,28)이라고 고백할 수밖에 없었던 것이다. 눈으로 볼 수 있어야 하고, 확인되어야 하는 신앙은 더 이상 신앙이 아니다.

참 신앙은 주님의 은총이다. 신앙은 우리가 원한다고 가질 수 있는 것이 아니라 주님이 우리에게 주시는 선물이다. 선물로 주시는 신앙을 통해서 우리는 주님을 알아보고, 우리의 삶이, 우리 사회가 새롭게 변할 수 있는 확신을 가지게 된다.

현재 우리 사회는 서로 갈라져 있고, 비방하고, 속이고, 부정한 행위를 일삼으며, 책임을 회피한다. 불신이 만연하는 세상이다.

토마스 사도가 불신앙에서 출발하여 부활하신 예수님을 만나고 참 신앙을 고백했듯이, 우리의 나약한 신앙, 미지근한 신앙도 예수님의 부활을 통해 보다 굳건해질 수 있음을 믿어야 하겠다.

스승 예수님의 죽음으로 무서워 밖에 나가지 못하고 문을 닫아 걸고 있는 제자들. 제자들은 분명 예수님이 살아계실 때 죽었다가 다시 살아날 것이라는 그분의 말씀을 여러 번 들었음에도 불구하고 스승의 죽음 앞에 무기력했다. 두려움 속에 갇혀 있었다. 예수님의 부활에 대한 믿음이 없었다.

어쩌면 이 시대 교회의 모습일 것이다. 부활을 체험하기 전 제자들처럼 문을 꼭 잠그고 자신 안에 갇혀 있는 모습이다. 사회 변화를 받아들이기 두려워하며 안일함 속에 살아가는 모습이다. 요즘 한국 교회는 세속화, 중산층화의 길을 걷고 있다. 국민 열 명 중 한 명 이상으로 신자가 증가해 왔지만 복음화는 미흡하다. 십자가 없는 편안한 신앙생활에 점점 익숙해간다. 사회적 약자와 소외자들, 고통받는 자들 편에 잘 서려고 하지 않는다. 프란치스코 교황님은 가난하고 고통 받는 이웃이 소외되고 배제되는 '무관심의 세계화', '무관심의 문화'를 〈복음의 기쁨〉이란 회칙과 그분의 강론에서 자주 지적하고 있다. 오늘날 교회가 이 땅에서 계속 존재하려면 변해야 할 것이 너무도 많다. 이 시대의 십자가로 드러나는 저항과 돌봄, 희생이 필요하다.

신자들 역시 자신의 편안함에 안주하기 때문에 변화를 싫어한다. 제자들이 문을 꼭 잠그고 자신 안에 갇혀 있었듯이, 자신에게 불이익이 돌아오는 것을 꺼린다. 두려워하는 제자들에게 예수님은 나타나서 "너희에게 평화가 있기를!" 하며 인사하신다. 그리고 당신이 정말로 부활하심을 보여 주셨을 때 그들은 이제 주님의 죽음과 부활을 용감하게 선포하는 사도로 변한다. 비록 우리가 나약하며, 모순 속에 살고 있지만 예수님은 스스로 오셔서 찾아 주시고 우리에게 변화할 수 있는 힘을 주신다.

요한복음서가 전하는 토마스 사도의 이야기는 신앙에 관한 깊은 의미를 내포한다. 보지 않고 믿는 이는 행복하다고 하신 예수님의 말씀은, 우리에게 신앙의 자세를 일깨워 준다.

"신앙은 우리가 바라는 것들의 보증이며, 보이지 않는 실체들의 확증이다."(히브 11,1)

겸손한 자의 기도

루카복음은 두 부류의 인간을 소개한다.(루카 18,9-14) 바리사이와 세리다. 바리사이는 당대에 신심이 매우 깊고 율법을 철저히 지켰던 사람들이다.

반면 세리는 로마 제국주의의 앞잡이가 되어 백성들에게 세금을 거두는 일을 하는 이들이다. 이들은 동족에게 못된 짓을 하여 세금을 부풀려 징수하거나 세금을 내지 못하는 이들을 갖은 수단과 방법으로 못살게 굴어 동족들에게 왕따를 당하며 매국노라는 소리를 듣기도 했다. 당시 사회적 평가는 바리사이는 의인으로 평가받고, 세리는 죄인으로 취급되었다.

그렇지만 예수님이 바라보시는 기준은 달랐다. 예수님은 바리사이와 세리의 기도를 비유로 들며 세리와 같은 겸손한 사람의 기도를 하느님께서 좋아하신다고 하셨다. 바리사이는 하느님 앞에 보란 듯이 뻣뻣이 서서 기도한다.

"제가 다른 사람들, 강도짓을 하는 자나 불의를 저지르는 자나 간음을 하는 자와 같지 않고 저 세리와도 같지 않으니, 하느님께 감사드립니다."(18,11)

반면 세리는 하느님 대전에 가까이도 못한 채 멀리 떨어져서 기도한다.

"오, 하느님! 이 죄인을 불쌍히 여겨 주십시오."(18,13)

과연 누구의 기도를 하느님이 들어주셨을까? 물론 세리의 기도다. 바리사이는 자신의 힘으로 하느님의 계명을 완벽하게 실천할 수 있다고 믿었다. 그들에게 중요한 것은 하느님을 만나는 일이 아니라 율법을 지키는 것이었다. 그들은 권력, 특권 그리고 안전에 너무나 확고하게 자리를 잡고 있어 하느님의 은총이나 도움이 전혀 필요 없는 사람들이었다. 그들은 스스로를 구원할 수 있다고 믿었다.

게다가 그들은 남들과 구별 짓고, 차별화하였다. "저는 남들과 다릅니다.", "저는 저 세리와 같은 사람이 아닙니다."라고 말하며 교만함을 보였다. 자신의 잣대로 남을 판단하고, 자기와 다를 때 상대방을 단죄하여 자기 절대화라는 커다란 오류를 범하였다.

그러나 세리는 자신이 지은 죄에 대해 깊이 뉘우쳤다. 감히 하느님 앞에 고개를 들지도 못한 채 자비를 베풀어 주십사 하고 청하였다. 자신의 죄가 너무도 커서 스스로의 노력으로는 원상회복이 불가능하다는 사실을 알기에 하느님의 자비심에 의존했다. 뉘우치는 마음으로 자신의 가슴을 치는 세리가 하느님의 자비를 얻었다. 이렇듯, 하느님은 참으로 겸손한 자의 기도를 즐겨 들으신다.

교만한 자와 겸손한 자. 너무나 상반되는 삶의 태도다. 우리가 무엇이 잘났다고 그렇게 교만할 수 있을까? 교만한 자는 바로 착각 속에 빠져 사는 사람이다. 교만한 자는 자기 혀를 고기인 줄 알고 씹다가 결국 자기 자신을 해치는 어리석은 사람이다. "너 자신을 알라."고 외친 소크라테스의 말대로 우리는 한계를 지니고 있는 유한한 존재임을 깨달아야 한다.

"누구나 하느님 앞에서는 몽당연필에 지나지 않습니다."
마더 테레사 수녀님의 말이다. 이렇듯 우리는 하느님 앞에 보잘 것없고 비천한 존재다. 그런 자신을 남에게 몽당연필 이상으로 보이려 한다면 그것은 자신이나 이웃에게 불행을 안겨줄 뿐이다. 겸손한 자만이 신앙인이 될 수 있고, 기도하는 사람이 될 수 있다는 것을 명심하면서 겸허한 마음을 지니며 살아야 하겠다.

"누구든지 자신을 높이는 이는 낮아지고 자신을 낮추는 이는 높아질 것이다."(루카 18,14)

밀알의 사랑

예수님은 최후 만찬 때 제자들에게 성체성사를 제정해 주셨고, 당신 스스로 몸과 피를 내어 주시는 사랑을 보여 주셨다. 또한 예수님은 식사 중에 제자들의 발을 씻어 주시면서 말씀하셨다.

"너희도 서로 발을 씻어 주어야 한다."(요한 13,14)

몸과 피를 다 내어 주실 정도로 보여 주신 예수님의 사랑은 말로 그치지 않고 행동으로 이어진다. 세상에 뛰어들어 남의 발을 씻어 주는 봉사자로 살아가야 함을 보여 주신다. 성체의 신비는 사랑의 신비다. 그 사랑은 "친구를 위하여 목숨을 내놓는"(요한 15,13) 큰사랑이며 "땅에 떨어져 죽으면 많은 열매를 맺는"(요한 12,24) '밀알의 사랑'이다.

예수님은 당신 자기를 죽임으로써만 남을 살릴 수 있는 이러한 사랑의 신비를 당신의 몸과 피인 성체와 성혈 안에 담아 주신다.

우리가 성체와 성혈을 모실 때 예수님의 큰사랑, 밀알과 같은 사랑을 체험하는 것이고, 그 사랑의 체험이 우리 삶의 밑바탕을 이룬다.

성체를 받아 모신 우리가 생각하고, 말하고, 행동하는 하나하나에 사랑이 담긴다. 그러나 그 사랑이 우러나와야 한다. 사랑을 받아 모셨기 때문이다. 성체를 받아 모시고도 사랑이 넘쳐흐르지 않는다면 성체에 담긴 그 사랑을 체험하지 못한 사람이다. 성체를 받아 모시면서도 서로 미워하고 증오하는 사람, 자기가 아니면 안 되고 자기가 최고라고 여기는 독선적 태도를 보이는 사람, 자기의 잣대로 남을 판단하고 비난하며 단죄하는 사람은 성체에 담긴 사랑을 느끼지 못한 사람이다.

성체가 사랑의 현현임을 깨닫는다면 어떤 상황에서도 남의 발을 씻어 주는 데 주저하지 않는 사람이 되어야 한다. 사람의 신체 부분 중에 발은 가장 낮고 지저분한 곳이라고 생각한다. 땅을 딛는 부분이기 때문이다. 그러나 손으로 그 부분을 닦아 주기 위해서는 반드시 자신의 몸을 숙여야 한다. 자신을 남에게 숙이지 않고 남의 발을 닦아 줄 수는 없다.

성체는 예수님처럼 밀알과 같은 존재가 되기를 촉구한다. 자신의 것을 버리고, 포기하고, 희생함으로써 이웃에게 기쁨과 행복을 가져다주는 행위가 밀알의 역할이다. 밀알의 비유 이야기를 묵상할 때마다 떠오르는 동화가 있다. 이미 작고한 동화작가 권정생 선생의 〈강아지똥〉(1996)이다. 이 단편동화의 내용을 들어보자. 강아지똥은 참새와 병아리에게 냄새가 난다며 구박받고 농부에게조차 외면당한다. 강아지똥은 자신이 더럽고 필요 없는 존재라고 생각하며 눈물을 흘린다.

봄비 내리는 어느 날, 강아지똥은 민들레 싹의 이야기를 듣고 자신이 민들레에게 꼭 필요한 존재라는 것을 알고는, 기쁜 마음으로 민들레 뿌리로 스며들어 거름이 되어주고 한 송이 아름다운 꽃으로 피어난다. 강아지똥은 자기 자신을 다 내어 주고 자신이 사라졌을 때 비로소 꽃이라는 새로운 생명으로 다시 태어나게 된다. 밀알 하나가 땅에 떨어져 죽으면 많은 열매를 맺는 것처럼 말입니다.

강아지똥 이야기는 밀알처럼 우리 모두에게 자신을 포기하고 내려놓을 때 새로운 생명, 새로운 삶이라는 부활을 맞이할 수 있다는 기쁜 메시지를 전한다.

정미연, 〈아기예수의 탄생〉

하느님은 사랑이시다

　예수님은 우리를 구원하기 위해 죽으셨다. 죄를 짓고 사는 우리를 죽음에서 건져내시기 위해 죽으셔야 했다. 겟세마네 동산에서 피땀을 흘리시며 하느님 아버지께 기도하고 계셨던 예수님을 경비병과 군인들이 잡아갔다. 은전 30냥에 이스카리옷 유다는 스승이신 예수님을 배반하였다. 그렇게도 굳게 믿고 사랑하던 베드로까지도 새벽닭이 울기 전에 세 번이나 예수님을 모른다고 배반했다.

　예수님은 경비병들에게 뺨을 맞고 모욕을 당하면서 가시관을 쓰신 채 피를 흘리며 고통당하시고, 사람들에게 조롱당하셨다. 결국 골고다 언덕까지 십자가를 지고 가시고, 십자가에 매달려 고통스러워하시다가 "다 이루어졌다."(요한 19,30)고 말씀하시면서 숨을 거두셨다. 한 인간이 죽음의 길로 가는 마지막 순간의 상황이었다. 도대체 예수님이 무슨 말씀을 하시고, 무슨 행동을 하셨기에 그렇게도 박해당하고 죽음으로 처절하게 인생을 마치실 수밖에 없었는가?

그분은 공생활을 하실 때 "서로 사랑하라."(요한 13,34), "너희를 학대하는 자들을 위하여 기도하여라."(루카 6,28)고 사랑의 계명을 외치신 분이다. 또한 가난한 사람들, 소외받는 사람들, 병으로 인해 고통 받는 사람들을 만나 낫게 해 주시고, 연민의 정으로 받아 주신 분이다. 창녀와 세리와 같은 죄인들조차 자비를 베풀어 용서해 주신 분이다. 그런데, 왜 예수님이 이렇게 비참하게 십자가상에서 개죽음을 당해야 했을까?

예수님의 죽음은 바로 우리 인간의 죄 때문이다. 인간의 죄 혹은 악의 세력은 사랑하기를 거부한다. 용서하지 못한다. 가난한 자, 고통 받는 이웃을 싫어하고 그들에 대해 무관심하다. 의인, 착한 사람을 모함하기도 하고, 여럿이 모여 모의하여 위해를 가하는 등 가만히 두지 않는다. 예수님의 죽음은 하느님 사랑과 이웃사랑의 거부에서 비롯된 것이다.

어떤 신부님의 체험담이 기억난다. 그 신부님은 이 체험을 평생 잊지 못한다고 술회하기도 했다. 어느 날 서울에서 춘천으로 가는 기차를 탔다. 같은 좌석에 어린 꼬마와 고등학교에 다니는 여학생이 대화를 나누는 걸 옆에서 얼핏 들었다. 아마 꼬마는 이 여학생의 조카쯤 되었나보다. 대뜸 이 어린이가 고등학생에게 다음과 같은 질문을 던졌다.

"하느님은 언제 죽으셔?"

정말 어린이다운 천진한 질문이었다. 나라면 무어라고 대답했을까? 그 고등학생은 다음과 같이 대답했다.

"하느님은 우리가 서로 사랑하지 않을 때 죽으셔. 왜냐하면 하느님은 사랑이시기 때문이야."

이 이야기를 듣는 순간 이 신부님은 무언가에 머리를 강하게 얻어맞은 것 같은 느낌을 받았다. 우리가 용서하지 못하고, 화해하지 못하며, 도움을 필요로 하는 이웃을 외면할 때, 다시 말해 이웃을 사랑하지 않을 때 예수님은 계속 죽으실 수밖에 없다는 것을…. 성 아우구스티노는 "하느님은 어느 곳에나 계시지만 어디든지 살아 계시지는 않는다."고 말했다. 사랑의 하느님이 온전히 살아계신 가정, 이웃, 사회, 세상을 희망한다.

철길

안도현

혼자 가는 길보다는
둘이서 함께 가리
앞서지도 뒤서지도 말고 이렇게
나란히 떠나가리
서로 그리워하는 만큼
닿을 수 없는
거리가 있는 우리
늘 이름을 부르며 살아가리
사람이 사는 마을에 도착하는 날까지
혼자 가는 길보다는
둘이서 함께 가리

정미연, 〈찬마의 노래〉

엠마오로 가는 제자들

　제자 두 사람이 엠마오라는 곳으로 풀이 죽은 채 힘없이 내려가고 있었다. 자신들이 그렇게 믿고 의지했던 메시아, 이분만은 틀림없이 로마의 압제에서 고통 받는 이스라엘 백성들을 해방시키실 분이라고 믿었건만 힘없이 십자가에 죄인으로 처형당하였다.

　기대가 크면 실망도 큰 법. 그렇게 기대하던 스승이 맥없이 죽었을 때 실망 또한 컸다. 모든 것을 다 버리고 스승이신 예수님을 따랐는데 이제는 어디에도 희망을 둘 데가 없었다. 실망과 좌절의 상황에 놓여 있던 제자들에게 예수님이 나타나시고, 그들과 가던 길을 동행하셨다. 낙심하며 엠마오로 가던 제자들처럼 어쩌면 우리 인생길도 기쁨과 행복보다 슬픔과 절망에 가로막혀 우리의 삶을 더욱 무겁게 한다. 그럴 때마다 예수님이 다가오셔서 옆에서 동행하신다. 사실 우리는 이런 사실을 잘 깨닫지 못한다. 어려움에 처할 때, 고통을 당할 때 우리 곁에 아무도 없다는 생각에 사로잡힌다. 예수님조차 없는 것 같이 느껴질 때도 있다. 인생길에 누군가가 나와 동행해 준다는 것이 얼마나 큰 기쁨이고 즐거움이겠는가? 내가 좋아하는 노래 중에 하나는 가수 최성수의 '동행'이다. 그 곡에는 이런 가사가 있다.

"어둠에 갈 곳 모르고 외로워 헤매는 미로. 누가 나와 같이 함께 울어줄 사람 있나요? 누가 나와 같이 함께 따뜻한 동행이 될까?"

우리의 생에 나와 같이 함께 울어줄 사람, 나와 따뜻하게 동행해 줄 그 존재가 바로 예수님이다.

"사랑하고 싶어요. 빈 가슴 채울 때까지. 사랑하고 싶어요. 사랑 있는 날까지"

동행은 단지 몸으로 함께 걸어가 주는 것만을 뜻하지 않는다. 동행은 서로 대화하는 것을 의미한다. 예수님과 동행하면서 매순간 그분을 생각하고 그분과 대화하며 살아가는 것이다. 그 동행이 기도이고 대화이며, 그것을 통해 우리는 힘을 얻는다.

예수님은 제자들과 동행하시며 그들과 대화하시고 성경을 풀이해 주신다. 그때 제자들은 그 말씀에 "우리가 얼마나 뜨거운 감동을 느꼈던가!"라고 고백한다. 미사 중에 말씀의 전례가 바로 이 부분이다. 신자들은 독서와 복음 말씀, 그리고 강론을 들으면서 뜨거운 감동을 받는다.

엠마오에 도착했을 때는 해가 뉘엿뉘엿 저물어간다. 제자들은 예수님께 하룻밤 묵어가기를 청한다. 그래서 제자들과 하룻밤을 묵으면서 식사를 하신다. 식탁에 앉아 빵을 떼어 주실 때 그들은 그때서야 눈이 열려 부활하신 예수님을 알아본다. 그분의 현존을 느낀 것이다. 제자들은 예수님의 말씀을 들으며 깊이 감동을 받아 가슴이 뜨거워졌고, 이제 빵을 떼는 성체성사를 통해 예수님을 알아본다. 우리가 행하는 성체성사가 바로 예수님의 현존을 알려주는 표징이 된다. 특히 제자들은 빵을 떼어 주는 행위에서 예수님을 알아보는 눈이 열리게 되었다고 말한다. 이것은 무엇을 의미하는 것일까? 빵을 쪼갠다는 것, 빵을 나눈다는 것은 바로 희생과 사랑이 담긴 구체적인 행위다. 빵이 온전히 남아 있다면 이웃과 나눌 수 없다. 그렇다! 나눔과 쪼갬이야말로 희생이다. 자신의 모습이 즉각적으로 사라지게 된다. 그렇게 할 때 비로소 이웃에게 생명이 전달되고, 이웃을 살린다. 예수님의 현존을 느끼고, 예수님을 체험하는 은총이 주어진다.

성모님의 아름다움

영화 '나자렛 예수'(1977)에서 마리아 역을 맡은 올리비아 핫세의 청순한 모습을 기억하는가? 그 모습은 가히 성모 마리아의 아름다움에 대한 믿음을 한층 고양시켜 주었을 것임에 틀림없으리라. 그런데 정말 성모 마리아는 우리 모두가 암묵적 동의 아래 고백하는 '지상의 여인들 중에 가장 아름다운 여인'이었을까?

시간이 지날수록 시대는 더욱 외모 중시 사회로 치닫는다. 일명 '아름다움의 신화'가 시대적 교리가 되고, 예쁘고 날씬하지 못하면 죄가 된다. 죄의 사함을 받으려는 통과의례로서 성형수술이나 다이어트에 시간과 돈을 아낌없이 투자하며, 심지어 목숨까지 건다. 수많은 여성들이 몸매 가꾸기라는 신흥종교를 추종하고 있는 시대이다.

우리는 디즈니 만화영화나 바비인형을 통해 어려서부터 획일화되고 규격화된 서구적 아름다움에 인이 박혀 있다. 원죄가 없으시고 동정이시며, 하늘에 올림을 받으신 하느님의 어머니 마리아에 대한 이미지 역시 이러한 서구화된 아름다움에서 벗어날 수 없을지 모른다. 교회도 신자도 오랜 역사를 통해 성모 마리아를 모든 여인 중에 가장 아름다운 여인으로 칭송해 왔다. 그 칭송에는 마리아의 외모에 대한 칭송이 강조되어 있었을지도 모르겠다. 그 반대급부로 우리 신앙인들은 성모 마리아의 내적인 진정한 아름다움의 의미를 간과하는 우를 범하기도 한다. 우리는 정말로 성모 마리아의 외적인 아름다움만 칭송하는 것일까? 왜 우리는 성모님을 아름답다고 말하고 있을까? 엄밀히 말해서, 성모님의 아름다움은 외적 기준이 아닌 그분이 일생을 다해 보여 주신 신앙의 모습과 태도에서 발견해야 한다.

우선 우리 모두가 최대 공경을 드리는 성모 마리아의 참된 아름다움은 그분의 외모가 아닌 아들 예수를 향한 모성(母性)에서 드러난다. 당시 율법에 따르면 혼전 임신은 돌에 맞아 죽는 중죄다. 그러나 마리아는 천사 가브리엘이 전하는 예수 잉태 소식 앞에 죽음을 각오하며 응답한다.

"저는 주님의 종입니다. 말씀대로 저에게 이루어지기를 바랍니다."(루카 1,38)

마리아는 불가능이 없으신 하느님께 신앙을 고백하며 순명하신다. 이는 성모님의 일생이 수많은 고통 속에서 지내게 되심을 암시한다. 어린 아들 예수님을 성전에 봉헌하실 때 사제 시메온은 예고한다.

"당신의 영혼이 칼에 꿰찔리는"(루카 2,35) 아픔을 겪게 될 거라고 한다.

과연 아들 예수님과 함께 하는 성모님의 일생은 가시밭길이며, 십자가의 길이었다. 아들 예수님이 처참하게 십자가상에서 죽으실 때 그저 바라보고 눈물지을 수밖에 없으셨다. 십자가상에서 내려진 아들 예수님의 시신을 끌어안고 애통해 하는 어머니는 아들의 고통에서 잠시도 떠날 수 없었다.

그러나 성모님은 그 고통을 통해 정화되셨고, 예수 그리스도의 인류 구원 역사에 온전히 봉헌하실 수 있었다. 성모님의 이 같은 봉헌은 수많은 믿는 이들을 위한 충분한 밑거름이 되었다. 이 얼마나 아름다운 일인가?

성모 마리아는 아들 예수의 위대한 사랑의 실천에 동참하며 고통과 십자가의 길을 끝까지 동행하신다. 십자가에 매달리시어 피를 흘리는 예수님은 제자들을 가리키며 마리아께 말씀하신다.

"여인이시여, 이 사람이 어머니의 아들입니다."(요한 19,26)

또한 제자들에게는 말씀하셨다.

"이분이 네 어머니이시다."(요한 19,27)

이 말씀에 따라 마리아는 혈연으로서의 어머니가 아니라 모든 인류의 어머니로 승화된다. 내 자식, 내 식구만의 제한되고 배타적인 사랑이 아니라, 이웃과 모든 인간에게 사랑을 베푸는 원대하고 위대한 사랑. 그것이 성모마리아의 진정한 아름다움이다.

본당에서는 늘 자신의 시간을 남을 위한 봉사활동으로 보내시는 형제자매님들을 만난다. 그때마다 그분들의 내면적인 아름다움을 발견한다. 자신의 모든 것을 아끼지 않고, 마치 내 집안일처럼 다른 사람을 위해 일하는 형제자매들을 보면서, "이것이 바로 사랑의 아름다움이구나." 하는 것을 많이 느낀다.

특별히 모든 인류를 어머니의 품으로 안으시는 성모 마리아는 발현하실 때마다 우리에게 죄인들의 회개를 위해 묵주기도를 바치라고 말씀하셨다. 파티마의 성모 발현 당시에는 목동이었던 3명의 어린이들인 루치아, 프란치스코, 히야친타에게 발현하셨다. 마리아는 이들에게 세계 평화를 위해서, 죄인들의 회개를 위해서 묵주기도를 바칠 것을 간곡히 부탁하셨다. 우리도 늘 우리를 보살펴 주시는 성모님을 공경하며, 그분께서 우리에게 보여 주신 진정한 아름다움을 묵주 한 알 한 알에 담아 바칠 수 있도록 노력해야겠다.

삼위일체의 신비

우리가 믿고 고백하는 하느님은 한 분이시지만 성부, 성자, 성령 삼위가 계시고, 그 하시는 일이 구별된다. 성부는 창조주이시고, 성자는 구원자이시며, 성령은 성화하는 일을 하신다. 삼위일체이신 하느님을 우리 인간의 지식으로 이해한다는 것은 도저히 불가능하다. 우리는 인간의 능력에 한계가 있음을 인정해야 한다. 수학 문제를 풀어서 똑 떨어진 정답을 찾아내듯 알아들을 수 있는 것이 아니다. 삼위이시면서 동시에 한 분이심은 우리가 신앙으로 받아들이고 믿어야 할 '신앙의 신비'다. 그래서 삼위일체이신 하느님은 "믿을 교리"로 받아들여야 한다. 삼위일체이신 하느님은 인간의 이성과 논리를 넘어 그분의 사랑에 대한 체험과 참여, 그리고 실천의 차원에서 깨달아야 한다. 따라서 삼위일체이신 하느님을 깨닫고 그분께 이르는 유일한 길은 사랑이다.

평일 아침 시간에 〈KBS 인간극장〉이라는 다큐를 가끔 본다. 사람들의 다양한 삶을 진솔하게 보여 주어 잔잔한 감동을 전해 준다. 예전에 "저 하늘 끝까지"라는 제목으로 한 부부의 이야기가 소개되었다. 4년 전에 결혼을 했는데, 결혼 후 7개월 만에 부인이 심장암이라는 희귀한 병에 걸렸다. 수차례 암수술과 항암치료를 받고 나서 이 부부는 치료를 위해 강원도에 있는 깊은 산속에 들어가 살게 되었다. 부인은 남편이 자기를 버리지 않고 늘 함께해 주는 것에 너무도 고마워하고 있었다. 남편이 결혼할 때 기쁠 때나 슬플 때나 성할 때나 아플 때나 늘 함께하겠다고 약속했는데 어떻게 그걸 저버릴 수 있겠느냐며 24시간 함께하고 있었다. 게다가 그는 아내의 몸에 좋은 황토 집을 오랜 시간을 공들여 짓고 있었다.

이 다큐를 보면 "사랑이란 이런 것이 아닐까?" 하는 생각이 든다. 진정한 부부 사랑은 둘이 하나가 되어 사는 것이다. 하나가 되려면 자기 것을 포기해야 한다. 남편이 암에 걸린 아내를 살리기 위해 자기 것을 포기하고 산속에 들어와 사는 모습은 진정 부부의 참 사랑이 무엇인지를 보여 준다. 요즘 성할 때나 아플 때나 함께하고 신의를 지키겠다고 찰떡같이 약속해 놓고는 정말 어려운 상황에 부딪칠 때 언제 그랬느냐는 식으로 그 혼인 서약을 개떡같이 집어던지는 사례가 얼마나 많은가? 부부가 하나 되는 가정, 부모와 자녀가 하나 되는 가정이 진정 삼위일체이신 하느님의 사랑을 체험하고 실천하는 가정이다. 서로 하나 되는 사랑을 체험하고 실천하는 부부와 가정은 삼위일체이신 하느님을 몸으로 깨닫고 있음에 틀림없다.

선교는 내 운명

　코끝을 찡하게 만든 영화 한 편이 떠오른다. 「너는 내 운명」(2005)
이 그것이다. 통속적인 멜로드라마지만 사랑을 운명으로 받아들인
남자 주인공 석중의 진솔한 마음과 애절한 모습을 잊을 수 없다. 사
랑을 가볍게 생각하고 이해타산이 빠른 요즘 세상 잣대로 본다면,
에이즈까지 걸린 여자를 온갖 장애와 역경을 마다않고 지켜주며 기
다리는 사랑은 비현실적일까?
　신앙인은 하느님의 사랑을 적극적이고 열정적으로 이웃과 나누

는 존재이다. 이러한 나눔이 바로 선교이며 모든 신앙인에게 주어진 사명이고 운명이다. 크나큰 하느님 사랑과 은총을 체험하고 무상으로 받았다면 당연히 이웃에게 그것을 조건 없이 나누어야 하지 않을까? 어떤 고난과 역경이 다가와도 우리는 하느님을 세상에 알려야 한다. 이방인의 사도인 바오로 성인은 이렇게 고백한다.

"내가 복음을 선포하지 않는다면 나는 참으로 불행할 것입니다."(코린 1서 9,16)

하느님의 사랑과 은총을 이웃과 나누는 선교는 '소통'과 밀접한 관련이 있다. 소통 혹은 커뮤니케이션은 다양한 차원을 포함하는데, 가장 근본적인 소통은 '자아소통'이다. 자아소통이라는 자기와의 대화는 윤리적이고 도덕적인 내면을 일깨워 주고 내면의 대화로 깊어갈 때 '마리아의 좋은 몫'(루카 10,42)을 취하게 되고, 하느님 말씀을 듣게 된다. 반성과 성찰을 통해 하느님을 마주 대하며 그분과 대화할 때 회개와 참회가 이루어져 새로운 자아로 거듭나게 된다. 선교는 무엇보다 자아소통을 통한 '자기복음화'를 전제로 한다. 자기복음화가 되어야 이웃과 세상의 복음화로 나아갈 수 있다.

자기 복음화가 된 사람은 자신이 체험한 하느님 사랑을 이웃과 나누고 공유한다. 그는 하느님을 운명처럼 사랑하는 사람으로 거듭나기 때문에 자발적으로 이웃에게 그분의 사랑을 전한다. 예를 들어, 안드레아나 필립보는 예수님을 체험한 후 각각 시몬과 나타나엘을 찾아가 예수님을 소개하여 그들을 그분의 제자가 되게 한다. (요한 1,35-51)

선교는 개인적 차원만이 아니라 사회적 차원을 포함한다. 교회는 사회를 향해 어떠한 역할을 해야 하는가? 교회의 선교 사명으로 '사회복음화'에 관한 문제이다. 교회가 이 사명을 적극적이며 효과적으로 수행하려면 교회와 사회의 원활한 소통을 실현해야 한다. 교회는 낙태, 사형제도, 생태파괴, 빈부의 양극화, 부정부패 등의 죽음의 문화를 고발, 비판하고 정화하여 생명의 문화로 변화시키는 예언자적 노력을 해야 한다.

프란치스코 교황님은 자주 교회의 사회적 역할을 거론하며, "교회가 손에 흙을 묻히는 것을 주저해선 안 된다."면서 더 나은 세상을 만들기 위한 교회의 현실 참여를 강조했다. 그는 한국방문 때 사회 안에 만연된 죽음의 문화를 비판했다. "물질주의의 유혹과 무한 경쟁의 사조에 맞서 싸우고, 새로운 형태의 가난을 만들어내고 노동자를 소외시키는 비인간적 경제모델을 거부하라."고 촉구했다. 또한 "생명이신 하느님과 하느님의 모상을 경시하고, 모든 남성과 여성과 어린이의 존엄성을 모독하는 죽음의 문화를 배척하기를 빕니다."하며 "싸우고 거부하고 배척하라."고 단호한 행동을 요청했다. 사회적 복음화는 죽음의 문화를 사랑과 생명의 문화로 바꾸는 작업이며, 그것은 새로운 열정, 새로운 방법, 새로운 표현으로 실현되는 새로운 복음화이다.

선교는 개인과 사회 차원의 복음화가 상호보완적이고 조화롭게 이루어질 때 올바로 실천된다. 개인에게 국한된 선교는 기복 신앙으로 흐르게 할 수 있고, 개인 차원을 간과한 사회적 선교에만 집중할 때 하느님의 뜻보다 인간적 욕망에 머물게 된다. 따라서 하느님 사랑과 이웃 사랑을 자신의 운명으로 받아들이고 열정적으로 실천하는 선교가 되어야 한다.

님의 뜻을 따라서

언젠가 떠나라고 하시면
떠나야지

어느 곳에서이든 살라고 하시면
살아야지

어느 때든 죽으라고 하시면
죽어야지

나를 정말로 사랑하느냐고 물으시면
그렇다고 대답해야지

－어느 봉쇄수도원 수도자의 기도 중에서

정미연, 〈마리아의 잉태〉

변절과 변신

"변절은 쉽지만 변신은 어렵다."

변화한다는 것, 참 쉬우면서도 어려운 말이다. 자기에게 유리할 때인지 불리할 때인지, 또 이쪽으로 혹은 저쪽으로 기울어질지 기회를 보면서 판단하는 기회주의자에게 변절은 쉬운 일이다. 그러나 자신을 올바른 쪽으로 변화시키는 변신은 참 어렵다.

변신은 한국인에게 매우 낯익은 말이다. 단군신화에서 곰과 호랑이가 동굴에서 100일 동안 쑥과 마늘을 먹으면 인간이 된다고 했는데, 곰은 인내를 보임으로써 여자가 되고 호랑이는 끝내 포기하고 만다. 웅녀는 환웅을 통해서 단군왕검을 낳는다. 단군신화를 한민족의 기원으로 삼는다. 따라서 변신한다는 것, 변화한다는 것은 우리 마음속에 깊이 내재된 염원이다. 성경을 보면 변화에 관련된 사건이 많다.

구약에서 모세, 그는 화려한 왕궁에서 살다가 자신이 히브리인이라는 사실을 알게 되고, 자기 동족이 이집트인들에게 노예로 살고 있음을 알게 된다. 어느 날 자기 동족을 학대하는 이집트 병사를 살해했기 때문에 모세는 궁중에서 도망쳐 오랜 세월을 광야에서 지낸다. 나이를 많이 먹게 되고 노년으로 접어든다. 광야에 내쳐져 사는 모세, 이제 그의 인생은 끝난 것처럼 보일 때 하느님은 불타는 떨기나무를 통해 그를 부르시고, 새로운 인생 사명을 부여하신다.

예수님이 십자가상에서 돌아가시고, 제자들은 뿔뿔이 흩어져 고향으로 돌아간다. 부활하신 예수님은 엠마오로 돌아가는 제자들과 동행하시면서 그들 마음을 변화시켜 주신다. 동행을 통한 만남, 대화는 이들을 변화시킨다. 절망과 좌절에 빠져 있는 사람들에게 예수님과의 만남은 희망과 기쁨이었다. 나병환자들, 절름발이, 소경들은 예수님을 만나면서 새로운 사람으로 변화한다.

사마리아 여인, 삶의 의미를 상실한 채, 실패한 인생을 살고 있던 이 여인에게 예수님은 다가와 물을 청하며 만나게 되고 대화를 나눈다. 그러고는 영원한 생명의 물을 얻게 되는 새로운 여인이 된다.

이방인의 사도 바오로는 그리스도인을 박해하던 사람이었지만 예수님을 만나면서 새로운 인생길을 걷게 된다.

변화한다는 것은 그리스도교적이다. 신앙을 받아들인 사람은 변화를 받아들이겠다고 다짐한 사람들이다. 변화를 거부하는 사람은 올바른 신앙생활을 할 수 없다.

그런데, 자기가 변화하려면 가장 먼저 무엇을 해야 할까? 자신의 마음을 하느님께 여는 것이다. 자신의 마음을 열고 하느님이 내게 들어오시도록, 그래서 나에게 변화의 은총을 주시도록 그분께 맡기는 자세가 필요하다. 변화는 나의 행위가 아니라 그분의 전적인 행위이기 때문이다.

그런 다음 해야 할 일은 자기 것을 포기하는 것이다. 자신을 포기하지 않고서 어떻게 새롭게 변화될 수 있겠는가? 새로운 삶으로, 새로운 인생으로 변화할 때 우리는 삶을 기쁨, 감사, 찬미로 변화시킬 수 있다. 이것이 바로 기적이다. 예수님은 기적같이 당신의 본래 영광스러운 모습을 보여 주신다.(마태오 17,1-9) 마찬가지로, 우리도 삶 안에서 기적을 체험해야 한다. 고통에서 부활로, 죽음에서 생명으로, 미움에서 사랑으로, 불평불만에서 기쁨과 감사로 변화되고, 또 변화시키는 사람이 되어야 한다.

짝퉁신자에서 예수신자로

예수님이 제자들에게 당신의 거룩한 모습을 보여 주셨는데, 그분의 옷은 이 세상 어떤 마전장이도 그토록 하얗게 할 수 없을 만큼 새하얗게 빛났다. 예수님이 하느님의 아들이심을 드러내셨다. 그때 구름 속에서는 하느님 아버지의 음성이 들려왔다.

"이는 내가 사랑하는 아들이니 너희는 그의 말을 들어라."(마르 9,7)

예수님은 이 거룩한 변모 사건을 통해 당신이 하느님 아들이심을 보여 주셨다.

이 사건은 우리로 하여금 예수님이 하느님의 아들이시라는 것을 믿게 하려는 것이고, 예수님처럼 거룩한 모습으로 변화되어 살아가기를 촉구한다.

우리도 거룩하게 변화되는 삶이 되도록 부르심을 받으며 매일을 살고 있다. 과연 우리는 거룩한 삶을 위해 얼마나 노력하고 있는가? 자신을 변화시킨다는 것은 그리 쉬운 일은 아니다. 변화하려면 기존의 것을 과감하게 포기하고 버려야 한다. 우리는 이런 변화를 통해 올바른 신자로 살아가려고 노력하고 있는가?

신자들 중에는 여러 형태가 있다.

1. 달구지 신자. 누가 밀어 주어야만 전진하는 신자를 말한다. 신앙 생활을 적극적으로 하지 않는 신자다.

2. 풋볼 신자. 어디로 튈지 알 수 없는 신자를 말한다.

3. 냄비 신자. 쉽게 끓고 쉽게 식는 분들이다. 그래서 쉽게 냉담하는 신자를 말한다.

4. 종이 신자. 비만 오면 축 처져서 안 나오는 분들이다.

5. 핸드폰 신자. 미사 중에도 문자를 주고받는 신자다.

6. 시험관 신자. 강론 시간에 신부가 얼마나 강론을 잘하나 점수 매기는 신자를 말한다. 자신의 삶은 변화시키지 않으면서 남의 말만 평가한다.

7. 줄행랑 신자. 파견성가 안 부르고 도망가는 신자들이다. 뭐가 그리 바쁜지 모를 일이다. 곧 습관이 아닐까 여겨진다.

8. 명예욕 신자. 이 분들은 매우 골치 아프다. 단체에서 감투를 받기 위해 자신의 얼굴 알리거나, 남들이 자기를 알아주기를 바라는 분들이다. 이런 분들은 성당에서 일은 제대로 하지 않으면서 말이 매우 많으시다.

9. 묵상 신자. 강론만 시작되면 고개 숙이고 조는 분들이다. 꼭 성당에만 오면 졸고 잠자는 버릇이 있다.

위에서 언급한 신자들의 형태는 '무늬만 신자들'이다. 우리가 되어야 하는 신자는 바로 '예수 신자'다. 예수님의 말씀을 듣고 그 말씀을 실천하는 신자, 어떤 상황에도 늘 감사하고 기뻐하면서 기도하는 신자, 남을 험담하고 비방하기보다는 남을 늘 칭찬해 주고, 설사 결점이 있다고 해도 덮어 주고 이해해 주는 이런 신자가 진짜 신자이다.

또 기다리는 편지

정호승

지는 저녁 해를 바라보며
오늘도 그대를 사랑하였습니다.
날 저문 하늘에 별들은 보이지 않고
잠든 세상 밖으로 새벽달 빈 길에 뜨면
사랑과 어둠의 바닷가에 나가
저무는 섬 하나 떠올리며 울었습니다.
외로운 사람들은 어디론가 사라져서
해마다 첫눈으로 내리고
새벽보다 깊은 새벽 섬 기슭에 앉아
오늘도 그대를 사랑하는 일보다
기다리는 일이 더 행복하였습니다.

정미연, 〈착한목자〉

하늘나라는
아주 작은 것에서

마태오복음의 겨자씨에 대한 비유이야기(13,31-32)는 하늘나라가 겨자씨와 같다고 한다. 겨자나무는 갈릴래아 지방에서 많이 자생하는 식물로, 그 씨가 눈에 보이지 않을 정도로 작아서 지극히 작은 것의 대명사로 언급된다. 왜 예수님은 하늘나라를 이렇게 작고 볼품없는 씨앗에 견주어 말씀하셨을까? 하늘나라는 아주 작은 것에서 시작하기 때문이다.

씨앗은 우선 작다는 공통점이 있다. 낙락장송으로 자라는 솔 씨는 쌀의 5분의 1이 될까 말까 하고, 몇 백 년을 살고 몇 아름드리로 크는 느티나무 씨는 이파리 뒤편에 붙어 있다고 하니 얼마나 작겠는가?

만약 씨앗이 수박만큼 크다면 땅에 뿌리기도 어렵고 심기도 어려울 것이다. 아마도 그 씨앗은 짐승들이 다 먹어 버릴 것이다. 씨앗이 작으니까 잘 눈에 띄지 않아 살아남게 된다. 그렇지만 씨앗이 싹을 터서 자라게 되면 하늘을 치솟을 만큼 큰 나무가 된다. 하늘나라도 씨앗과 같이 작은 것에서 시작한다.

우리가 진정한 행복을 누릴 수 있기 위해서는 아주 작은 것에서 시작해야 한다. 그러나 사람들은 큰 것을 선호한다. 예를 들어, 조경시설을 할 때 대부분 커다란 나무를 옮겨다 심어놓는다. 옮겨 심은 큰 나무는 몇 해 몸살을 겪다가 말라죽는 경우가 많다.

사실은 작은 것에서 큰 것으로 옮겨가는 과정, 점점 커져가는 이행과정에서 만족과 행복을 얻을 수 있다. 그러나 사람들은 처음부터 큰 것을 선택하거나 커진 것의 결과에만 가치를 두고 인정해주는 경향이 있다. 요즘, 젊은 사람들이 결혼을 할 때 아파트, 차, 집안의 모든 가구에서 혼수 등 모든 것을 다 마련한다. 남자 쪽이건 여자 쪽이건 서로 질세라 결혼 초기부터 아쉬움 없이 모든 것을 장만하는데, 정말 그렇게 해야 부부가 행복하게 살 수 있는 건지 모르겠다. 처음부터 모든 게 만족스런 상태에서 사는 것보다 조금씩 커져가는 이행과정 속에서 진정한 행복을 찾을 수 있다고 본다. 처음부터 무리하게 모든 것을 만족스럽게 장만할 때 그 부부는 물질적인 것으로만 만족과 행복을 느끼려고 하는 게 아닐까?

돈을 버는 것도 큰 것만을 생각한다. 로또 복권에 당첨되거나 도박으로 대박을 얻으려 하다가 결국 쪽박을 쓰는 경우가 얼마나 많은가? 자신의 성실한 땀을 흘리면서 돈을 벌기보다는 수단과 방법을 가리지 않고 큰돈이라는 결과에만 집착할 때 한탕주의에 빠지게 된다.

우리 신앙생활도 마찬가지다. 하느님께 기도할 때 처음부터 결과만을 생각하여 청하지만 그것이 이루어지지 않을 때 우리는 실망하고 하느님을 원망하거나 등을 돌리는 경우도 있다. 왜 우리는 작은 겨자씨에서 시작하지 않는가? 이웃과 사랑을 나누는 것도 아주 작은 것에서 시작된다. 서로 인사를 나누고, 미소를 나누고, 관심을 가지는 것, 남을 칭찬해 주고 격려하는 것, 어려운 일이 있을 때 함께 해 주는 것, 아주 작은 희생과 봉사에서 사랑은 커간다.

우정과 사랑, 신뢰와 희망은 아주 작은 것에서 시작해야 한다. 씨앗이 자라나는데 걸리는 과정이 필요하듯이 우리도 서로 신뢰를 쌓고 우정을 돈독히 하며 서로 용서할 수 있기 위해서는 참고 기다리는 인고의 시간이 필요하다. 유경환 시인의 동시 〈꽃씨 안이 궁금해〉가 떠오른다.

꽃씨 안이 궁금해

꽃씨 안이 궁금해
쪼개보기엔 너무 작고 딱딱해

꽃씨 안이 궁금해
귀에 대고 들어보나 숨소리도 없어

꽃씨 안이 궁금해
코로 맡아보지만 냄새도 없어

궁금해도 궁금해도 기다려야지
흙에 묻고 기다려야지

꽃씨만이 아니야
기다려야 할 건 모두 참고 기다려야지

꽃씨를 아무리 들여다보아도 꽃은 보이지 않는다. 꽃을 피우기 위해서는 그 씨앗을 흙에 묻고 참고 기다려야 한다. 꽃이라는 결과보다는 꽃이 되어가는 과정을 겪는 가운데 우리는 사랑과 용서와 신뢰를 이루며 기쁨과 행복을 맛본다.

우리 삶 속에서 아주 작은 씨앗인 겨자씨를 뿌리는 인생의 농부가 되자. 부부 간에, 부모가 자녀에게, 이웃 간에 서로 작은 씨앗을 뿌려줌으로써 하늘나라가 자라나도록, 거기에서 참 기쁨과 행복을 누릴 수 있기를….

새벽미사의 맛

대림 시기를 보람 있게 보내기 위해 평일 새벽미사에 적극적으로 참여하기를 권한다. 과연 얼마나 많은 신자가 새벽미사에 참례할까? 많은 분들은 잠을 자야지 꼭두새벽에 어떻게 일어나느냐고 반문한다. 회사 혹은 일터로 일찍 가야 하기 때문에 힘들다고 한다. 남편과 아이들 아침을 차려 주어야 한다는 핑계를 대기도 한다. 혹은 새벽미사는 아예 꿈도 꾼 적이 없는 분도 계실 것이다.

물론 새벽미사에 참례한다는 것은 쉬운 일이 아니다. 부지런한 사람만이 할 수 있다. 게으른 사람은 아침에 절대로 눈을 뜨지 못한다. 부지런해야 아침 일찍 일어나 준비하고 아침 6시에 늦지 않게 성당에 올 수 있다. 사제인 나도 새벽미사를 할 때마다 힘이 든다. 새벽미사에 일어나기 위해서는 전날 밤에 적어도 11시 전에는 자야 한다. 늦게 자고 일어나면 미사 때 졸립고 목소리도 잠이 덜 깬 소리를 낸다. 그렇지만 새벽미사의 은총이라는 게 있다. 그 은총을 받는 사람은 새벽미사의 맛을 느끼는 사람이다. 내 나름대로 새벽미사의 은총을 나열해 본다.

1. 아침에 졸린 눈을 비비고 일어나 새벽의 신선한 공기를 마시는 것이다. 새벽미사를 참례하고 나면 얼마나 상쾌한지 새벽미사를 해 본 사람만이 안다.
2. 입맛이 좋아지고 건강해진다. 성당까지 걸어서 오가기 때문에 운동이 되고, 새벽에 떽따는 소리지만 성가를 부르고 경문을 외우면 온 몸을 움직이게 되어 건강해진다.
3. 기도가 잘 된다. 새벽에 성당에서 조용히 기도할 때 여러 사람을 위해서 기도하게 된다. 남편을 위해서, 아내를 위해서, 자녀를 위해서 저절로 기도가 된다.
4. 새벽미사를 보는 사람은 매사에 감사하는 사람이 된다. 미사에 참례하여 주님의 말씀을 듣고, 성체를 모시고, 주님과 하나 되어 주님의 은총을 느끼게 되고, 그래서 그 은총에 감

사의 기도를 바치다보면 모든 일에 감사하는 삶이 된다.

5. 잡념을 없애 주고 고통을 덜게 된다. 살다보면 남모를 고민과 고통을 겪을 때가 많다. 내 힘과 능력으로 도저히 어떻게 할 수 없는 상황에 맞닥뜨릴 때 그때가 바로 주님께 의탁하고 매달리는 순간이 된다. 새벽미사에 오는 분들 중에 여러 고통 속에 있는 분들이 있을 것이다. 인내와 끈기로 주님께 매달릴 때 그 기도를 들어주신다. 왜냐하면 기도로써 우리는 강해지지만 하느님은 약해지시기 때문이다.

어떤 형제님은 매일 새벽 4시에 일어나 공중목욕탕에 가서 목욕을 한 후에 새벽미사에 오곤 한다. 새벽미사로 시작하는 하루는 너무나 상쾌하고 복된 시간이 될 것이다. 어느 시인의 '새벽미사 가는 날' 이라는 시가 있어 소개한다.

새벽미사 가는 날

이른 새벽
온갖 것들 잠들어 있고
차량의 경적소리마저
잠이 덜 깬 새벽녘

아파트 가로변에는
쥐똥나무 꽃향기 진동하고
그 길 위에다 고운 님께서
뿌려 놓으신 향수 같아라

상큼한 향기를 맡으며
길을 걸을 때
설렘으로 향하는
새벽 미사 길
작은 영혼의 큰 즐거움입니다

한 걸음 한 걸음 향기 속에
어여쁘고 작은 꽃에서

풍겨주는 향기
아침 공기를 더
상큼하게 해 주고
하늘천사가 내려와
거니는 향기로움
그 향기 임과 함께
맡으며 걷는 여정이
더 없는 기쁨으로 다가옵니다.

성스럽고
아름다운 미사의 은총은
젊은 사제의 맑고
고운 기도 속에서
더 기쁨 충만한 시간이며

아낌없는 사랑을
베풀어 주시는
자비의 성체성사
오늘 하루에 삶의
가장 소중하고
행복한 순간이 됩니다.

감사하는 신앙인

　살면서 아무리 감사의 표시를 많이 한다고 해도 지나치지 않다. 그만큼 우리 삶이 감사보다는 불평하거나 불만 속에 살고 있기 때문이다. 우리는 하루에 몇 번이나 감사하다는 말을 하는가? 한 번도 해 보지 않고 지나가는 날이 많다고 이구동성 말할 것이다.

　루카복음 17장 11-19절을 보면 나병환자 10명이 예수님을 찾아와 자기들에게 자비를 베풀어 달라고 애원한다. 예수님은 그들을 측은하게 보시고 자비로운 마음으로 그들을 깨끗이 치유해 주신다. 그렇지만 병이 다 나은 것을 사제에게 확인받은 그들은 1명만 제외하고 모두 사라져 버린다. 그 한 명이 이방인 사마리아 사람이다. 그는 예수님께 돌아와 자기 병을 낫게 해 주신 것에 감사드린다. 그럴 때 예수님은 그에게 이렇게 말씀하신다. "네 믿음이 너를 구원하였다." 이렇게 해서 예수님께 감사드린 사람은 육체적인 병뿐만 아니라 그의 영혼도 구원을 받는다. 나머지 아홉 명은 어떻게 되었을까? 그들은 육체적으로 병은 나았을지 모르지만 영혼의 치유까지는 되지 않았다. 구원받지 못한 사람들이 된 것이다.

이 루카복음 말씀은 신앙생활에 있어서 감사의 중요성을 일깨워 준다. 진정으로 감사하는 사람만이 참된 구원을 얻을 수 있다는 것이다.

우리는 너무 쉽게 감사함을 잊고 살아간다. 그렇지만 아주 작은 것에서부터 감사를 표시할 때 늘 감사하며 살아갈 수 있다. '감사의 법칙'이라고 들어보았는가? 감사하면 할수록 감사할 이유가 더 많이 생기는 법칙이다.

감사의 법칙에 따라 살아간다면 정말 우리는 행복하게 살 수 있다. 길을 가다가 넘어져도 "그래도 이렇게 넘어지는 걸로 그치게 해 주시니 감사합니다." 몸이 아파도, "그래도 제가 아플 때 주님을 의지할 수 있게 해 주시니 감사합니다." 하고 감사기도를 할 때 정말 행복해진다.

헬렌 켈러 여사는 태어나면서 보지 못하고, 듣지 못하고, 말하지 못하는 최악의 조건이었지만 믿음의 삶을 통해 모든 장애를 극복하고 수많은 사람들에게 꿈과 희망을 준 사람이다. 이분의 자서전 〈사흘만 볼 수 있다면〉이라는 책에는 자신이 사흘만 볼 수 있다면 그 사흘 동안 무엇을 할 것인지 말하고 있다.

첫째 날, 자신을 인내와 사랑으로 가르쳐 준 설리번 선생님의 얼굴을 보고, 아름다운 꽃과 풀, 빛나는 노을을 보겠다고 말한다. 둘째 날은 새벽에 일어나 먼동이 트는 모습과 저녁에는 빛나는 하늘의 별을 보고 싶다고 말한다. 셋째 날은 아침에 일어나 활기차게 출근하는 사람들을 보고, 점심에는 아름다운 영화를 보고 집으로 돌아와 사흘간 눈을 뜨게 해 주신 하느님께 감사의 기도를 드리겠다고 말한다.

사람들 중에는 보고, 듣고, 말하고 좋은 집에서 맛있는 음식을 먹으며 부족함 없이 살면서도 늘 자신을 불행하다고 여기는 사람들이 있다. 이 책은 자신의 삶에 감사할 줄 모르는 사람들에게 감사함의 의미가 어떤 것인지를 깨닫게 해 준다. 바오로 사도는 테살로니카 신자들에게 간곡히 말한다.

"언제나 기뻐하십시오. 끊임없이 기도하십시오. 모든 일에 감사하십시오. 이것이 그리스도 예수님 안에서 살아가는 여러분에게 바라시는 하느님의 뜻입니다."(테살1서 5,16-18)

기쁨만 아니라 슬픔도, 주님 감사합니다.
성공만 아니라 실패도, 주님 감사합니다.
희망만 아니라 절망도, 주님 감사합니다.
가진 것만 아니라 없는 것도, 주님 감사합니다.
풍족할 때만 아니라 부족할 때도, 주님 감사합니다.
건강할 때만 아니라 아플 때도, 주님 감사합니다.
생명만 아니라 죽음도, 주님 감사합니다.
주님, 감사합니다. 때론 넘어지고 지칠 때도 있지만
오늘 주님께 감사함을 표시한 나병환자처럼
평생 주님께 감사하며 살게 해 주십시오.
아멘.

베네딕도 수도원 기행

복음서에는 예수님이 하루 일과를 어떻게 보내셨는지 일상의 모습이 잘 나타나있다. 예수님은 새벽같이 일어나 하느님께 기도 드린 후 다른 지역으로 이동하여 복음을 선포하셨다. 그 후 잠들기 직전까지는 당신에게 쉴 새 없이 찾아오는 질병에 걸린 환자들, 마귀에 들린 이들을 치유하시며 하루를 보내셨다. 아침에 눈을 떠서 잠드는 순간까지 하느님과 완벽히 일치되는 모습을 보여 주셨다.

최근에 왜관에 있는 베네딕도 수도원에 약 5일간 피정을 다녀 왔다. 수도원의 아침은 새벽 5시부터 시작되었다. 첫날, 아침부터 갑자기 크게 울려대는 벨소리에 깜짝 놀라 잠에서 깼다. 도대체 방안 어디서 소리가 나나 했더니 벽에 부착된 조그만 스피커에서 나오는 소리였다. 스마트폰으로 시간예약을 할 필요가 없는 자동 기상 종 이었다.

　　부랴부랴 일어나 세수를 하고 기도 시간인 5시 20분에 맞추어 재빨리 성당으로 향했다. 성당 신자석에는 피정하는 팀이 미리 와 자리를 잡고 있었다. 약 120명 정도 되는 수사님들은 검은 수도복 을 입은 채 한 줄로 입장하여 제대 옆쪽에 마련된 자리에 앉았다. 꼭두새벽에 바치는 수사님들의 성무일도 소리가 성당 안에 맑게 울려 퍼졌다. 신자석에 앉은 모두가 그 소리에 정화의식을 치르는 듯 했다.

　　수도원 일정은 하루 다섯 차례의 기도와 오전 오후 노동으로 이 루어진다. 베네딕토 수도원의 모토는 Ora et Labora!(기도하고 일하자) 매우 단순한 삶이다. 기도하면서 하느님과 만나고, 말씀 을 듣고 그분의 뜻을 깨닫는다. 그리고 그분이 주시는 은총으로 힘을 얻어 노동을 하는 것이다. 일을 통해 하느님의 창조사업에 참여하고, 다시 기도로 돌아와 자신의 행위에 대해 반성과 성찰을 한다.

특이한 점은 식사시간이다. 모든 식사시간은 침묵을 지켜야 한다. 또한 음식 맛을 즐기는 시간이기 보다, 허기를 채우기 위한 시간이다. 식사를 하는 동안은 수사님 한 분이 수도원 규칙서나 유익한 책을 읽어준다.

수도원은 성당을 중심으로 여러 개의 작업장으로 이루어져 있다. 그 중 금속공예실은 전국 성당의 성작, 성반, 감실, 촛대 등 여러 성물이 만들어지는 곳이다. 서양에서 사용하는 온갖 가구, 제대, 의자, 탁자 등을 만드는 곳은 목공예실, 성당의 스테인드글라스를 만드는 유리공예실도 둘러본다. 공예실 외에도 출판사와 인쇄소, 텃밭, 그리고 그 유명한 수도원 소시지 공장도 있다. 수사님들은 각 작업장에 배정되어 맡은 일을 하신다. 그러다가 종이 울리면 모든 작업을 중단하고 대성당에 모여 함께 기도를 드리는 것이 일상이다. 그렇게 저녁 기도가 끝나고 나면 오후 8시 30분 정도가 된다. 그때부터 자유시간이지만 다음날 아침 5시에 일어나기위해 적어도 11시 전에는 잠자리에 든다.

왜관 분도 수도원에서 며칠 동안 피정을 보내며, 수사님들의 하루 일과가 어떤지 잘 체험할 수 있었다. 매우 단순한 삶이면서도 그 안에서 하느님을 찾고 그분 뜻에 따라 사는 삶이 바로 수도원

생활이다.

대부분 신앙인들은 이러한 수도자의 삶보다 사회와 가정 안에서 생활하지만, 결국 하느님이 주신 삶은 마찬가지다. 하느님은 지금 이 순간 살아있는 누구에게나 삶이라는 선물을 내려주신 것이다. 그 뜻을 알아 예수님처럼, 언제나 하느님과 일치하기위해 노력하는 삶을 살아야 할 것이다.

그리스도는
나의 전부입니다

사제 생활 30주년을 기념하고자 책 한 권을 내놓습니다. 부족하고 설익은 강론을 편집한 책이라 부끄럽고 두렵습니다. 강론은 한 사제의 삶을 고스란히 반영한다는 점에서, 이 책은 사제생활을 돌아보는 성찰의 도구가 되고, 영적으로 더욱 성숙하는 사제가 되려는 소망의 표현이 될 것입니다.

사제로 30년을 살아왔지만 그리스도를 닮아가기에는 아직도 갈 길이 멀기만 합니다. 존재보다 행위에 더 방점을 둔 삶의 방식에 익숙해지지 않았는지 반성해 봅니다. 반 투안 추기경은 13년간 투옥 중에 사람들에게 봉사할 수 없다는 사실을 한탄했을 때, 하느님을 사랑하는 것이 하느님의 일을 하는 것보다 더 중요하다는 사실을 깨달았다고 합니다. 하느님의 일은 할 수 없지만 하느님을 사랑할 수 있다는 것, 감방이라도 자신을 하느님에게서 갈라놓을 수 없음을 인식했을 때 고통이 기쁨으로 바뀌고, 괴로움이 희망의 원천이 되었다고 합니다. 일과 그 성과를 통해 자신의 정체성을 찾으려 하고 남에게 인정받으려 하는 것보다 오로지 하느님을 사랑하는 열정이 보다 중요하다는 것을 배웁니다. 그리스도는 제 생의 전부입니다.

또한 하느님의 뜻과 능력보다 내 뜻과 능력만 생각하고 내세우려는 유혹에 자주 빠지지 않았는지도 성찰해 봅니다. 내가 사목을 하고, 내가 가르치고, 내가 사람들을 이끌고… 이렇게 '내'가 강조된 모습에서 최근 영화 〈엑소더스 : 신들과 왕들〉(2014)에 나오는 모세를 연상하게 됩니다. 모세는 히브리인들을 이집트에서 탈출시키는 과정에서 칼에 의존하지만 홍해라는 거대한 장애물에 부딪혔을 때 그 칼을 바다에 던져 버립니다. 자신이 의지했던 것조차 포기했을 때에야 비로소 바다는 갈라지고 백성들은 건너게 됩니다. 칼로 상징되는 자기 힘과 능력이 아닌 하느님의 힘과 능력에 의존해야 한다는 사실을 성경의 모세는 깊이 체험합니다. 사목자가 받는 유혹 중 하나는 자기 능력에 따른 성과주의가 아닐까요?

오래전부터 문화의 복음화와 문화사목을 글과 강의로 주창하고 본당 사목현장에서 실천해 왔습니다. 새로운 시대에 새로운 복음화가 다름 아닌 문화의 복음화이며, 이를 구체화하려는 시도가 문화사목이라고 여겼기 때문입니다. 현재 불광동 본당에서 매달 실시하는 '가톨릭독서콘서트'와 '영화상영,' 일 년에 두 번 개최하는 '불광 문화제,' 두 달에 한 권씩 '신앙서적 읽기' 그리고 인문학 공부를 위한 '영시니어 아카데미'과 같은 다양한 문화 프로그램이 문화사목의 대표적인 예입니다. 이 밖에도 2012년에 발족한 본당 성지순례 동호회 '우하하(우리는 하느님 안에 하나) 성지순례단'은 불광동 성당을 넘어 3지구의 타 본당 신자들도 참여하여 매달 한 차례 버스 두 대로 전국 111곳 성지순례를 하였고 최근에는 전반적인 일정을 끝마쳤습니다. 순례사목이 신자들의 새로운 문화 코드에 잘 부합하기에 점차 호응을 얻고 있다고 봅니다.

문화 시대를 사는 신앙인에게 문화적 접근으로 사목을 하는 문화사목이 그들의 영적 감수성을 자연스레 일깨워 주고 풍성하게 만들어 주는 것을 볼 때 사목자로서 기쁨과 보람을 느낍니다. 반면에 문화사목의 성과에 만족하여 그것을 절대적으로 여기고 다른 사목자의 훌륭한 사목프로그램을 폄하하는 자만과 교만에 빠지지는 않았는지 반성도 해 봅니다. 결국 하느님의 뜻을 따르고 그분의 능력에 의지하려는 마음에서 멀어지는 유혹도 있었을지도 모릅니다.

지나온 30년 사제로서의 삶을 돌아보게 해 주는 이 책은 제 스스로에게 부족함을 일깨우는 죽비이며 영적 성숙을 향한 채찍이 될 것입니다. 특히 신자들과 소통하고 대화하는 사목과 강론이 되도록 주님 말씀을 제 것으로 삼고 제 마음 안에 진정으로 받아들여야 함을 재삼 깨닫습니다. 프란치스코 교황님 말씀대로 "말씀의 관상자이고 또한 그의 백성의 관상자"(「복음의 기쁨」 154항)가 되어 〈천국의 열쇠〉 주인공 치점 신부를 닮은 참된 사목자가 되겠다고 다짐해 봅니다.

이 책이 발간되기까지 수고해 주신 여러분에게 감사의 인사를 드리고자 합니다. 우선, 이 책이 탄생하는데 동기를 부여해 주고 출판하기까지 애써 주신 서교출판사 사장 김정동 형제님께 깊은 감사를 드립니다. 형제님은 '가톨릭독서아카데미' 회장을 맡아 교회 안에서 독서문화 정착과 확산에 여러 모로 공헌을 하고 계십니다. 또한 이 책의 교열과 수정을 꼼꼼히 해 주신 가톨릭신문출판인협회 회장 김선동 형제님과 김예슬, 심서령 자매에게도 감사드립니다. 그리고 표제화와 본문 삽화를 제공해 주신 정미연 화백도 빼 놓을 수 없는 분이네요.

제가 문화사목에 매진하는 데 그동안 많은 도움을 주신 분들 중에 부주임신부님과 보좌신부님, 본당 수녀님들, 전·현직 본당 총

회장님, 사목회 위원들, 그리고 모든 본당 신자들에게 감사의 마음을 전합니다. 저를 사랑해 주시는 신자 여러분이 늘 곁에서 지켜 주시고 기도해 주신 덕분에 사제생활이 이루어지고 있음을 느끼며, 주님의 부르심에 합당하게 내적으로 풍요롭고 외적으로 열정적인 사제로 살아가도록 노력하렵니다. "나에게는 그리스도가 생의 전부입니다."(공동번역, 필립비 1,21)

김민수 신부 산문집
행복한 사람들

교회인가 ┃ 2015년 7월 21일
초판 1쇄 인쇄 ┃ 2015년 7월 25일
초판 1쇄 발행 ┃ 2015년 7월 30일

지은이 ┃ 김민수
펴낸이 ┃ 김정동
펴낸곳 ┃ 서교출판사
등록번호 ┃ 제 10-1534호
등록일 ┃ 1991년 9월 12일
주소 ┃ 서울시 마포구 성지길 25-20 덕준빌딩 2F
전화번호 ┃ 3142-1471(대)
팩시밀리 ┃ 6499-1471
이메일 ┃ seokyodong1@naver.com
홈페이지 ┃ http://blog.naver.com/seokyobooks
ISBN ┃ 979-11-85889-14-6 03230

서교출판사에서는 독자 여러분의 투고를 기다리고 있습니다. 원고나 아이디어가 있으신 분은
seokyobooks@naver.com으로 간략한 개요와 취지 등을 보내 주세요. 출판의 길이 열립니다.

* 이 책의 내용 중 출처를 밝히지 않고 인용된 부분이 있을 수 있습니다.